U0942748

Yilin Classics

DALE CARNEGIE

经/典/译/林

How To Win Friends And Influence People

人性的弱点

[美国] 戴尔·卡耐基 著
朱凡希 王林 译

译林出版社

图书在版编目（CIP）数据

人性的弱点／（美）卡耐基(Carnegie, D.) 著；朱凡希，王林译．—南京：译林出版社，2016.5(2024.2重印)
(经典译林)
书名原文：How to Win Friends and Influence People
ISBN 978-7-5447-5997-7

Ⅰ.①人…　Ⅱ.①卡…　②朱…　③王…　Ⅲ.①心理交往－通俗读物　Ⅳ.①C912.1-49

中国版本图书馆 CIP 数据核字（2015）第 286794 号

人性的弱点［美国］戴尔·卡耐基／著　朱凡希　王　林／译

责任编辑　张海波
责任印制　董　虎

出版发行　译林出版社
地　　址　南京市湖南路 1 号 A 楼
邮　　箱　yilin@yilin.com
网　　址　www.yilin.com
市场热线　025-86633278
排　　版　南京展望文化发展有限公司
印　　刷　江苏凤凰通达印刷有限公司
开　　本　880 毫米 × 1240 毫米　1/32
印　　张　10
插　　页　4
版　　次　2016 年 5 月第 1 版
印　　次　2024 年 2 月第 20 次印刷
书　　号　ISBN 978-7-5447-5997-7
定　　价　39.00 元

本书将助你赢得以下成就：

1. 剔除心灵深处的陈规陋习，开创新思维，拓展新视野，发现新目标；
2. 迅捷而轻松地结交新朋友；
3. 提升名望，畅享盛名；
4. 赢得他人对你思路的认同；
5. 扩大个人影响，提高声望，完善处事能力；
6. 妥善处理积怨，避免争执，与他人和睦共处；
7. 成为优秀的演说者、令人愉悦的交谈者；
8. 成为同事们工作热情的激发者。

此书已被译成三十六种语言出版，为逾千万的读者铸造了以上成就。

CONTENTS · 目录

序 言

在20世纪的前三十五年里，美国出版界出版了逾二十万种形形色色的各类书籍。然而，其中很多因内容沉闷乏味而滞销亏本。“很多”？是的，我说的是“很多”。有这样一位书局总裁，其书局规模位列全球出版前茅。他曾经向我承认，尽管已经在出版界摸爬滚打了七十五年，但该书局每出版八本书便有七本是亏本的。

那么，我为何要草率地决定写书？在书定稿付印之后，为何要劳你费神阅读？

言之有理的疑问。让我试着一一作答。

1912年以来，我一直在纽约为商界和职场人士开设系列教育课程。起初，我只是讲授演说技巧。这些课程专为成年人设立，旨在通过实务操作培训，使他们在商务洽谈及众目睽睽之下能够清晰、有条理地思维，泰然自若、高效地表达。

寒暑更迭，岁月如梭。渐渐地，我强烈地意识到，不仅需要给予这些成年人演说方面的培训，更需要授予他们日常商洽及社交方面与人和睦共处的技巧。

同时，我也逐渐意识到自身亦需要这方面的训练。回首往昔，我震惊于自身沟通技艺的频频缺失。我多么希望二十年前自己手中就拥有关于理解和沟通的一本书呀！那该是一个无价之宝！

与人打交道或许是你所面临的最大问题，尤其是当你正处于商务交往之际。的确如此。其实，无论你是家庭主妇、建筑师，还是工程师，你都面临着这一棘手的难题。数年前，我们在卡耐基基金会的赞助下进行过一项调研，调研揭示了一个重大发现，而该发现在其后由卡耐基技术学院进行的后续研究中得以证实。那就是，即使在这样一个工程技术领域，一个人大约15%的金钱收益倚赖于他的技术知识，而约85%的收益要倚赖于人际沟通，即其人格魅力和领导才能。

数年来，在每一个培训季，我都在费城的工程师学会及美国机电工程学院纽约分校开办课程，总计逾一千五百人全程跟进了我的课程。他们之所以前来听课，是因为经过数年的观察和实践之后，他们终于明白了这样一个道理：在工程领域的高薪人士，往往并非那些专业知识渊博之人。例如，人们可以极低的工钱聘请到技工、会计、建筑设计人员；但是，只有这样一种人才具备获取高薪的资格：专业技术，外加准确表达思想的能力、领导才能，以及激发众人热情的能力。

约翰·D.洛克菲勒在其鼎盛时期曾说过："如果将沟通能力比作诸如糖果或咖啡等可购商品，我愿意为此能力支付更多的金钱，比任何商品都更多的金钱。"

难道你没有设想过，每所学院都应该开设拓展这一价值不菲的能力的课程？但是，直至我着手著述之际，我才想到要为成年人开设这一实用课程。

芝加哥大学及全美教会学校联盟曾作过一项调查，探究成年人所期冀学到的东西。

该调查花费两万五千美元，历时两年。调查的最后阶段在康涅狄格州的梅里登进行，那是一个典型的美国城镇。该镇的每一位成年人均接受了调查访问，并回答了一百五十六个问题，诸如：你的职业？你的学历？你如何打发空闲时光？你的收入？你的爱好？你的抱负？你的困扰？你最乐意学习的科目？等等。调查显示，健康是人们首要关心的议题，其次是该如何理解他人、该如何与他人和睦共处；该如何影响他人、该如何赢得他人对自己思维的认同；等等。

于是，调查委员会决定在梅里登为成年人开设这类课程。他们不遗余力地搜寻相关的实用教材，结果一无所获。最后，他们求助于一位在成人教育方面的杰出行家，他的回答是："没有！我知晓那些成年人所需，但针对他们需求的书籍尚无人撰写。"

以我自身的阅历判断，我知道此言一点儿不假；我自己也始终在搜寻这样一本有关人际关系的实用手册。

既然此类书籍稀缺，故而，我试图为自己的课程撰写这样一本书。此书与你相见了，希望你喜欢它。

我为此书的撰写做了充分的准备。我阅读了所有相关的资料、报纸的专栏、杂志的文章、家庭案例的记录、古代哲人的文献，以及当代心理学家的论文。此外，我还聘请了一名训练有素的研究员。他耗时一年半在各类图书馆查阅我没有翻阅过的文献资料，从中总结出历史上的伟人们与他人的相处之道。其中包括：心理学泰斗们的鸿篇巨著、汗牛充栋的杂志文章和人物传记。我们阅读了从尤利乌斯·恺撒，到托马斯·爱迪生等众多伟人的传记和生平故事。我清晰记得，仅仅是西奥多·罗斯福的传记，我们就读了一百多本。我们下定了决心，要不惜一切代价，争分夺秒地去挖掘史上每一条实用的与人相处之道。

我本人亲自访问了好些成功人士，他们当中有些赫赫有名。例如：发明家马可尼、爱迪生；政坛领袖富兰克林·D. 罗斯福、詹姆斯·法利；商界精英欧文·D. 扬；影视明星克拉克·盖博、璧克馥；以及探险家马丁·约翰逊;等等。我试图从访谈中探索、推敲出他们的交际技巧。

从所有这些资料中,我总结出一份简短的讲稿,名为《如何赢得朋友与影响他人》。的确,起初的讲稿较短,但很快它就演变为长达一个半钟头的演说词。有好些年了,在每个春、夏、秋、冬,我都会在纽约的卡耐基学院向成年人宣讲。

在宣讲的同时,我极力要求我的学员在商洽和社交活动中检验我的理论,并且要求他们将自身的体验和学习进展带回到课堂里和同学们分享。这是多么有趣的课外作业呀!这些渴求自我提升的学员们被这种新型的实证性检验迷住了。这是史上首个,也是唯一一个成人人际关系实验场。

此书的诞生非同寻常。仿如孩童的成长,此书的成长和完善,依赖于那个广阔的实验场,源于成百上千成年人的真实体验。

数年前,我们只是将一些处事原则印在如明信片大小的小卡片上。之后,我们制作了较大一些的卡片,继而是小手册、系列袖珍小册子,每一次印刷都会有内容的添加和版面的扩大,经由十五年的实证和调研,此书终于问世了。

书中所列的原则远非理论或推想,它们是魔幻的箴言。我已经目睹了好些人在运用这些原则之后他们人生的革命性转变。

例证之一:旗下雇有三百一十四名员工的老板聆听了其中一门课程。此前,他总是无缘无故喋喋不休地批评、责骂他的员工。培训结束之后,他完全改变了他的人生哲学。现在,他的员工焕发出一种全新的忠诚,整个企业洋溢着热忱和团队合作精神。他那三百一十四名“敌人”现在转而成为他三百一十四个好朋友。在一次班级演说中,他自豪地说:“过去,当我走过办公楼时没人和我打招呼,员工们看到我走近时总是转移视线;但是现在,他们都成了我的好朋友,连守门人都直呼我的名字呢。”

这位雇主赢得了更多的利润、更多的闲暇;而意义更为深远的是,无论是在工作还是在家中,他都找到了更多的幸福和快乐。

无以计数的销售人员,通过实践这些原则促进了他们销售业绩的大幅度增长。这当中的许多人已经开设了新的银行账户,这可是他们曾经苦苦追求而碌碌无功的呀。一位行政主管说,正因为运用了这些原则而得以大幅加薪。有位费城煤气公司的行政主管,由于其争强好斗的个性和领导能力的低下,在六十五岁之际还要受到严厉批评和降职处分的警告。培训课程不仅使他免于降职,反而得到晋升和加薪。已经记不清有多少次了,夫妻们在参加培训结业晚会上告诉我:自从他们的丈夫或妻子参加完课程培训之后,他们的家比以往温馨多了。

人们常常惊讶于他们自身的进步,所有这一切恍如魔法。有些时候,因为他们无法忍耐那四十八个小时的等待,出于激情,他们会在星期天就直接把电话打到我家,汇报他们参加培训之后所取得的进步。

有那么一个人,由于激动于课堂中有关这些原则的讨论,他和学员们在家中讨论至深夜。凌晨三点,其他学员都回家了,可他仍旧无法入睡。他震惊于自己的过往失误,更是激动于其眼前所呈现的那个全新而丰富的世界。当晚,他无法入眠,在此后的夜晚亦是如此。

他是谁?一个天真无邪之人?一个对所有新理论全盘接受的初学者?不是,绝对不是。他是一位专事艺术品交易的商人、交际场中的花花公子;他毕业于欧洲两所大学,能够流利地说三种语言。

正当为此书写序之际,我收到了一封德国教师的来信。此人系出名门,其历代前辈都是职业军人。信函是在横渡大西洋的游轮里写就的。他在信中叙说了运用这些交际原则的情况,从字里行间可以看出,他对待这些原则如宗教信仰般虔诚。

还有一个人，他是位老纽约，哈佛毕业生，一家大型地毯制造厂的富有业主。他说，较之四年同类科目的大学课程，这十四周有关人际交往艺术的培训课程使他受益更甚。荒唐吗？可笑吗？奇异吗？当然，你有权以其他形容词来取代他的感言。我只不过是不加任何评论地向你汇报1933年2月23日（星期四）在纽约耶鲁俱乐部的一次聚会，这位举止保守而事业卓越的哈佛毕业生，向在座的近六百人说出了以上感言。

哈佛大学著名的威廉·詹姆斯教授曾说：较之于我们应该成就的，我们的意识仅觉醒了一半。我们仅仅在运用自身心智和体能的一小部分。广义上来讲，人类个体远未超越其极限。个体拥有各式各样的能量，可他却对此司空见惯，疏于运用。

这就是你“司空见惯，疏于运用”的能量！本书旨在助你寻回并拓展这些蛰伏着的、未被启用的潜在财富，并且祝愿你从中获益。

前普林斯顿大学校长约翰·G.希本说过这样的话：教育的宗旨就在于获取应对形形色色生活的能力。

如果，在你阅读完本书的前三章之后，你还不能够较以往更胜一筹地应对生活，那么，就你个人而言，我可以说，此书彻底失败，毫无意义。因为，如赫伯特·斯宾塞所言：“教育的终极目标不是知识，而是行动。”

而阅读此书的目的，就是需要你付诸行动。

戴尔·卡耐基

1936年

充分利用本书的九项建议

1. 如果你期望充分利用好本书,有个要求是不可或缺的,这一要求较之任何规则或技巧都要关键、重要。如果你不具备这一先决条件,那么即使有一千条原则都是徒劳。而若你拥有了这一先决的天赋,那么,你不必细读这些建议都有可能创造奇迹。

这一神奇的要求是什么呢?它就是:深刻的求知欲,以及为提升你沟通能力所下定的强烈决心。

该如何培养这样的渴求?你可以不断提醒自己这些原则对你的重要性,想想看,这些箴言将如何帮助你走向一个更为充实、幸福和美满的人生!你可以一遍又一遍地自语:"我的影响力、我的幸福感、我的人生价值,完完全全有赖于我与他人的沟通技巧。"

2. 起初,你可以对每一章节进行全局鸟瞰式的快速阅读。或许,你会忍不住想跟进下一个章节的内容,但千万不要,除非你仅仅是为愉悦而读。如果你是为了提升沟通技巧而读,那么你就应该倒回去,重新仔细阅读。从长远来看,这会取得事半功倍的效果。

3. 阅读之际应该时常对所读内容进行思考,反省自己该如何、该在何时运用每一条建议。

4. 阅读时手握一支笔,粉笔、铅笔、钢笔、荧光笔均可。当碰到一则你感觉可以运用上的建议,请在一旁画线。如果那是一条四星级的建议,则请你在每一个句子的下方画线,或是以荧光笔突出显示,或是以"※"标注记号。标注和画线可以使得一本书显得生动有趣,且让你更容易快速复习。

5. 我认识这样一位女士,她已经在一家保险公司任职办公室主任十五年。每个月,她都要细读公司当月发出的所有保险合同。日复一日、年复一年,她都是这样查读相同内容的合同。确实如此。为何?因为经验告诉她,只有这样,她的脑海里才能明晰合同里的每一项条款。

我曾经耗时两年撰写有关公共演说的书籍,其间,我发现自己不得不时不时地回顾之前自己所写下的内容。我们健忘的速度之快真是令人震惊。

因此,如果你真的想从此书获得持久的收益,可不要幻想一次浏览就可以达到目的。全书浏览之后,你应该每个月都花上几个小时温习。请你每天都将此书放在自己的桌案前,经常浏览它。请不时敦促自己提升、完善自我的可能性。请谨记:只有经由持续不断、积极的温习和运用,这些处事原则才可能演变成你惯常的行为举止。除此之外,别无他法。

6. 萧伯纳曾经说:"如果你教会一个人所有事情,那么他永远不可能学有所长。"萧伯纳说得对。学习是一个积极的过程,我们在实践中学习。因此,如果你渴望掌握书中的原则,请你付诸行动,请在每一次机遇中运用这些原则;否则,你很快就会将原则抛在脑后。只有运用过的知识才会贮藏在你的心海里。

也许,你会感觉很难时时贯彻这些原则。我理解。书是我撰写的,可我常常感到难以将我自己所提倡的每一项提议付诸行动。比方说,当你不那么愉悦之际,你往往更倾向于批评和谴责他人,而不是接纳他人的观点。你自然会想到摆出自己的观点,而不顾及他人的看法。所以,当你阅读此书时,请谨记:你不仅仅是在获取资讯,你是在尝试培养新的良好习惯,你是在探索一种全新的生活方式。这需要你付出时间、毅力和每一天的实践。

所以,请你常常翻阅此书。无论何时,当你遇到生活中的麻烦时,请将此书看作人际关系的工作指南。每当遇到诸如这些生活琐事——安抚小孩,让你的伴侣认同你的思想,宽慰情绪激动的顾客,犹豫不决于该完成的任务,等等——请你查阅这本工作指南,尤其是你着重用下划线标注的段落。请尝试书中的原则,观察它们为你所带来的奇迹。

7. 将你实践本书原则的过程,看作一场充满生机和活力的游戏。每当你的伴侣、孩子或同事逮住你在人际交往中违背某一原则时,奖赏他们一枚硬币。

8. 在我的一次课堂上,华尔街一家著名银行的总经理,向大家讲述了他曾经用以提升自我的高效方法。这位男士鲜有接受正规的教育,可他却成就为全美盛名远扬的金融家。他坦承,这完全得益于自己对"家规"不懈的身体力行。我尽可能精确地将其所为记录在此:

> 我已经记日记好些年了,日记里记录着我当天的所作所为。我的家人从不为我安排周六晚上的活动,因为他们知道,每逢周六夜晚我都要进行工作检讨和自省。晚饭过后,我独处一隅,打开日记本,回顾一周以来所经历的访问、讨论和会晤。我会这样自问:"那时我出了什么差错?""我正确处理了些什么事情?""我该如何改进?""我该从那件事中得到什么教训?"
>
> 那时候,我总感觉这种回顾让我很不开心。我常常震惊于自己的过失。当然,随着时间的推移,我犯错的概率越来越小。经过这样反复的反省,我变得轻松多了。年复一年,这一自我分析、自我教育的习惯我坚持了下来。这个习惯对我人生的影响颇大。
>
> 它帮助我提高了决断能力,并且协助我经历了无数次的人际沟通

和交往。它是我的制胜首选。

那么,你为何不采用类似的习惯来检查自己实践本书原则的过程?如果你能够这样做,则可以收到这样的效果:

其一,你将感觉自身处于一个宝贵而神奇的受教育过程;

其二,你会发现自身的沟通能力迅猛提升。

9. 此书的末尾尚有几页空白,那是为你备用的,用于记录你在身体力行处事原则时所取得的进步。请尽量详尽地记录,请写下姓名、日期及结果。这些记录可以激发你更大的动力。想想看,数年之后的某个夜晚,你偶然翻看到这些经历的点点滴滴时,那该是多么美妙!

为了最大限度地利用此书,谨请你务必做到:

(1)培养对人际关系原则的求知欲。

(2)每一章节必须阅读两遍方可继续下一章节的阅读。

(3)一边阅读,一边不断思考该如何运用每一个原则和建议。

(4)对每一个重要的观点用下划线重点标注。

(5)每月重温此书。

(6)抓住每一次机遇实践这些原则,将此书作为你解决日常生活问题的工作手册。

(7)将你的学习看作活力四射的游戏,每当你的朋友发现你的行为有违原则之际,奖赏他(她)一枚硬币。

(8)每周进行例行的检查:你的进步、你的过失、你的教训,以及你有待改进之处。

(9)在此书末尾的空白处详细记录你运用此书原则的点点滴滴。

第一章

与人交往的基本技巧

1

“若要采撷蜂蜜，请不要莽撞蜂巢”

1931 年 5 月 7 日，纽约市区，满城沸扬的一次搜捕行动终于画上了句号。经过数周的搜索，警方终于将“双枪”杀手克劳利抓获。克劳利之所以束手就擒，是因为当时困陷于其情人位于西区大道的寓所里。克劳利表面斯文，且烟酒不沾。

其时，一百五十名警员及侦探在克劳利藏身的顶楼展开围捕。起初，他们在屋顶凿开一个洞，意在用催泪弹将这名“警察克星”熏昏，逼他出来。接着，他们在四周的建筑物上架设机关枪。旋即，在这纽约高尚住宅区之一隅枪声大作，手枪声和“嗒、嗒、嗒”的机关枪扫射声持续了一个多小时。克劳利蜷曲在塞满杂物的椅子后面，不断朝警方射击。上万市民目睹了这一激战，这是有史以来纽约街头最为轰动的事件。

拘捕克劳利之后，警察局局长 E. P. 穆罗尼表示，该“双枪”亡命之徒是纽约有史以来最险恶的罪犯之一——他动不动就开枪。

“双枪”克劳利又是如何评价自己的呢？据悉，当警方向其藏匿寓所扫射时，他正向“有关当局”写信，其时，他的伤口在流血，信纸上留下一道深红。他在信中如是说：掩于我外衣之下的是颗疲惫的心。这颗心很善良，不会给任何人带来伤害。

此前不久，克劳利和女友开车在长岛外围乡道上寻欢。一名警员上前要求查看他的驾驶执照。

克劳利一言不发，拔出手枪对着警员一阵狂射。警员中枪倒地，奄奄一息。克劳利跳下车，抓起警员的左轮手枪，对准俯卧的警员又补射了一枪。就是这样的亡命之徒，却在信中称自己“掩于我外衣之下的是颗疲惫的心。这颗心很善良，不会给任何人带来伤害”。

克劳利被判处电椅极刑。当他来到星星监狱死刑执行室时，他可有说过“这是我杀人的代价”？没有。他说的是：“这是我自卫的代价。”

这个故事的重点在于：“双枪”克劳利认为自己所做的一切都没有错。

这是不是罪犯不同寻常的人生观？如果你这么认为，请听：

> 我将一生最美好的岁月奉献给了民众，给他们带来快乐，帮助他们过上幸福的生活，可到头来，我得到的却只有谩骂和追捕。

这就是阿尔·卡彭所言。是的，就是那个全美臭名昭著的公敌、最邪恶的黑社会头目，他曾在芝加哥街头乱枪扫射。卡彭没有谴责他自己，却把自己当成了众人的施主。他认为公众不理解他，不接受他的恩惠。

而达奇·舒尔茨的情形如出一辙。这位纽约街头人人喊打的过街老鼠，被对立的黑帮追杀，暴尸纽瓦克街头。他曾在一家报纸的专访中说自己是在造福社会。他对此深信不疑。

就这个问题，我曾与路易斯·劳斯有过一些交流。他曾任职纽约星星监狱典狱长数年。他说:“星星监狱的罪犯极少会认为自己是坏蛋。他们和你我一样,都是人,都会为自己理性地辩白。他们会告诉你为何要去砸保险箱,为什么会动不动就扣动手枪的扳机。他们当中的大部分都会试图摆出理由,不管是荒谬的还是逻辑确凿的理由,来证明自己的反社会行径是正当的,从而振振有词地认为自己根本不应该坐牢。”

假如,“双枪”克劳利、达奇·舒尔茨,以及铁窗下那些亡命的男女都不自责,那么,你我所接触的普通人是否该受到谴责呢?

连锁店创始人约翰·沃纳梅克曾经坦承:“三十年前我就知道,怒责是愚蠢的举动。我已经有够多麻烦事了,没必要再去为上天是否公平分配而烦恼。”

约翰·沃纳梅克早早就懂得了这个道理。而我呢,在这世上跌跌撞撞三分之一个世纪之后才开始醒悟:99%的人不会批评反省,不管其所作所为有多大的错失。

批评只是徒劳,因为它往往使受批评者处于自我辩白的状态,他会竭力证明自己所为的正确。批评是危险的行为,因为它伤害他人弥足珍贵的自重和骄傲,并且引发怨恨。

著名心理学家B. F. 斯金纳曾经通过实践证实:较之因行为不规矩而受罚的动物,那些受到奖赏的行为优良的动物,更愿意快捷地学习各种技巧,且学习效率高得多。他的后期实验表明,人类亦是如此。所以,批评并不能为我们带来长久的改变,反而平添了怨恨。

另一位伟大的心理学家汉斯·谢耶也说:我们有多么渴望赞许,我们就有多么讨厌受到谴责。

由批评招致的怨恨会打击员工、家人和朋友的士气，而且，也不能将糟糕的局面逆转。

乔治·B.约翰斯顿来自俄克拉何马州的伊尼德，他是一家机电工程公司的安全督查，其职责之一就是确保工人在工地时戴上安全帽。他说，一旦发现工人没有戴上安全帽，他就会以权威的语气宣读规章，并命令他们遵守。当然，工人们都会愠愠然接受，可只要他一离开工地，他们就又会将帽子摘下。

约翰斯顿决定试试别的办法。之后，当他看见一些工人没有戴上安全帽，他便走上前去询问是否帽子戴起来不舒服，或者大小不合适。然后，他以轻松愉悦的口吻提醒他们，帽子的作用是保护他们免于受伤，还提醒他们工作时应该时刻戴上帽子。结果是，工人们从此个个都遵章守纪，没有怨言，也没有不悦。

你可以透过历史的长河，找到批评无济于事的实例。例如，西奥多·罗斯福与塔夫脱有过一场世人皆知的争执，这场争执令共和党四分五裂，却将对手伍德洛·威尔逊送进了白宫。此人在一战期间写下好些经典的文字，并且改变了历史的进程。让我们简短地回忆一下这段历史：1908 年，西奥多·罗斯福卸任总统，搬离白宫；他支持塔夫脱竞选总统。其间，罗斯福去非洲狩猎狮子，等他回国后却发现塔夫脱行事保守，他甚是恼火。他公开谴责塔夫脱，并且出于获得第三次总统提名的目的组建了“进步党”；这无异于瓦解共和党。结果是，在接下来的竞选活动中，威廉·霍华德·塔夫脱和共和党仅赢得了佛蒙特州和犹他州的选票。这是共和党有史以来最惨痛的失败。

西奥多·罗斯福责备塔夫脱,可塔夫脱有过自责吗?当然没有。塔夫脱只是含泪辩解:“我认为自己所做的没有错。”

另一事例,是一起发生于20世纪20年代早期的举国震惊的石油丑闻,其时,各大报章充满了国人的义愤。在国人的记忆中,此前从来没有如此丑恶之事发生过。基本事由如下:阿尔伯特·B.福尔时任哈丁总统(美国第二十九任总统)的内阁部长,被委派处理政府在埃尔克山和茶壶敦两地的石油储备租赁权事宜,这些石油储备是专为海军预留的。那么,这位内阁部长有没有进行公开招标呢?没有。他直接将这份令人垂涎的合同交给了好友爱德华·L.多希尼。而多希尼又如何回报呢?他给了福尔部长十万美元,美其名曰“贷款”。福尔随即命令美国海军强行驱赶那些已经在埃尔克山钻井探油的公司。这些迫于武力而放弃阵地的竞争者们只得诉诸法庭,从而曝光了这起石油丑闻。这一丑闻令举国憎恶,它摧毁了哈丁政府,直接威胁到共和党的生死存亡。阿尔伯特·B.福尔也因此锒铛入狱。

人们纷纷指责福尔的丑行,这在公众生活中是鲜有的。而福尔有过悔改吗?从来没有!经年之后,赫伯特·胡佛在一次公开讲话中暗示,总统哈丁的离世源于心力交瘁,因为朋友背叛了他。福尔夫人一听此言遂从椅中弹起。她挥舞拳头,又哭又闹:“什么!福尔出卖了哈丁?没有!我丈夫从没有背叛过任何人。这房子就是塞满了金子,也不可能诱使我丈夫做坏事。他才是被他人出卖、被迫害、被钉在十字架上的受害者。”

你瞧瞧,这就是人性。失误者总是责备他人,却从来不自责。我们人人如此。所以,当有天你要批评他人之时,请想想阿尔·卡彭、“双枪”克劳利,以及阿尔伯特·福尔。请认清这个道理:批评就好比是信鸽,最终会回到原地。所以，我们意欲修正和谴责之人，都有可能为自己辩护，而最终会反过来谴责我们；亦或者，像温和的塔夫脱说出这样的话："我认为自己所做的没有错。"

1865 年 4 月 15 日清晨，在福特戏院对街的一处廉租房里，亚伯拉罕·林肯躺在这所房子走廊尽头的小卧室里，奄奄一息。约翰·威尔克斯·布思在戏院里暗杀了他。由于破旧的睡床太短，林肯颀长的身躯被对角平放着。靠床一边的墙上有一幅罗莎·博纳尔的《马市》的廉价复制品，屋里阴郁的煤气灯闪着昏黄的亮光。

在林肯弥留之际，作战部部长斯坦顿说："此处躺着世上迄今为止最为杰出的人类领袖。"

那么，林肯与人相处的成功之道有何秘密呢？我耗时十年探讨了亚伯拉罕·林肯的一生，再耗时三年致力笔耕，完成了《林肯传》一书。我认为自己尽了最大的努力，详尽彻底地探究了林肯的个性及其家庭生活。我也特别研究了他与人的相处之道。他总是爱批评人吗？噢，是的。林肯年轻时在印第安纳州的鸽子溪谷生活，那时的他不单是批评人，还写信、作诗嘲讽人。为了让人们看到他的"作品"，他故意把信放在人们必经的乡道上。其中的一封信还引发了别人对他终身的怨恨。

甚至在伊利诺伊的斯普林菲尔德当上执业律师时，林肯还投书报刊公然抨击他的对手。不过，他只是偶尔为之。

1842 年秋，林肯在《斯普林菲尔德日报》上刊发匿名信，将一个名为詹姆斯·希尔兹的好斗政客嘲讽了一番。因此，大众的哄笑声喧嚣全镇。那个敏感而虚荣的希尔兹勃然大怒。当得知嘲讽信出自林肯之手时，他跃马直奔林肯住处要求决斗。林肯其实并不愿意决斗,但也只有这样才能挽回名誉。希尔兹让林肯自己挑选决斗的武器。考虑到手臂修长的优势,林肯选择了骑兵使用的腰刀,并向一名西点军校的毕业生讨教刀术。约定决斗的那一天,林肯和希尔兹两人来到密西西比河岸的一处沙地,准备一决生死。但是,到了最后时刻,他们各自的后援将两人分开,从而终止了决斗。

这是林肯一生中最为惊心动魄的个人经历,它给林肯在人际关系处理方面上了弥足珍贵的一课。从此,他再也没有写下任何侮辱人格的信件,而且再也没有取笑过任何人。从那时起,他几乎没有批评过任何人。

南北战争期间,由于战事屡屡失利,林肯一次又一次地将波多马克军团的将领撤换——麦克莱伦、波普、伯恩赛德、霍克、米德。林肯绝望且心焦如焚,过半国人毫不留情地指责这些无能的将领,但是林肯始终保持平静,“不能怨恨,只能宽恕”。他谨记这句自己最认同的箴言:“只要不评判别人,别人就不会评判你。”

每当听到夫人或身边随从对南方人出言不逊,林肯总是这样回答:“不要批评他们;在那样的情形下,换作我们,也会和他们一样。”

而要说谁最有机会和资格批评他人,则应该是林肯。请看这一事例:

1863 年 7 月 1 日,葛底斯堡战役打响了。战事进行到第四天,也就是 7 月 4 日,天空乌云密布,暴风雨肆虐,南部邦联的李将军向南撤兵。当李将军和他溃逃的士兵抵达波多马克时,一条大河横亘在他们面前。河水暴涨,部队无法蹚越,而后面又有节节胜利的北方军追赶。李将军陷入了困境,无可逃遁。林肯明白,这是一个千载难逢上帝开眼的好机会:生擒李的部队,结束内战。于是,满怀希望的林肯下令米德将军不必与参谋协商,立即向李的余部进攻。林肯不仅电告了他的指令，还派特使向米德传达命令：马上行动。

那么，米德将军听从命令了吗？恰恰相反，他与战事参谋所下达的命令违背了林肯的意图。他犹疑不定，以各种借口拖延，拒绝直截了当地发起进攻。最终，河水退落，李及余部得以顺利南撤。

林肯震怒，向儿子罗伯特咆哮道："这究竟是为什么？老天呀！这究竟是为什么呀？他们就在我们眼前，指掌之间，只要向前伸伸手，他们就会乖乖就擒。可我就是差使不了自己的部队采取行动。在那样的情况下，任何人都可以打败李将军。要是我能赶往前线，我一定会亲自把李将军拿下。"

在痛苦和失望之下，林肯坐下来给米德写信。需要提醒你的是，这个年龄段的林肯已经变得相当保守，言辞也相当克制，所以，这封写于1863年的信可以说是林肯最为愤慨的表露。

亲爱的将军：

我认为你没有意识到李的部队成功撤逃所带来的巨大损失。他本来已经是我们的瓮中之鳖，只要伸一伸手就可以将他擒住，加之我们最近在其他战场上的胜利，内战可以马上结束。可是，事到如今，战事绝对要拖延。上周一你没有擒获李将军，你又怎么可能在河的南岸将其制服呢？因为你的兵力已经不及原有的三分之一。这已经是无望的期待，但我还是期待你现在的努力会有所成效。你的黄金战机一去不复返。基于这一点，我沮丧至极。

猜猜看，当米德看到这封信时该如何反应？

但米德从来没有阅读过这封信，因为林肯一直没有将信寄出。此信是林肯去世后别人在他的文件堆里发现的。

我的猜测是——而这也是唯一的可能，林肯写就此信，远眺窗外，自言自语道：等等看，或许我不该这么性急。较之米德亲临战场冲锋陷阵，静坐于白宫的我可舒坦多了。假如我深陷葛底斯堡战壕，假如我和米德一样目睹上周的血流成河，假如我身边充斥的都是战场的厮杀声和伤兵的哀号，或许我也不会急于进攻。如果我的个性像米德那样畏缩，或许我也会按兵不动。不管怎样，木已成舟。把信寄出去可以释缓我的愤慨，但反过来米德也会反驳辩解，还会责怪我。这封信只会引发双方的僵持不悦，损及这位指挥官的前程，甚至还会迫使他辞职。

所以，如我此前所言，林肯将此信搁置一边，因为，惨痛的经历使得林肯明白，尖锐的批评和个人攻击往往无济于事。

西奥多·罗斯福说他任职总统时每每遇到棘手的难题，总是仰身倚坐在白宫办公室的书桌前，凝视悬挂于墙上的林肯巨幅画像，自问道："如果林肯的处境和我类似，他该怎么办？他该如何解决这个问题？"

以后，每当我们想向他人发出劝告时，请从口袋中拿出一张五美元钞票，看着上面的林肯肖像自问："如果林肯遇到这个问题，他该如何处理？"

马克·吐温偶尔会情绪不好、发脾气，那会儿，他要是写信便会满纸火药味。有一次，他给惹他发火的人写下这样的文字：见鬼去吧！我等着看你的报应。还有一次，他致信一位编辑，状告校稿人"企图改进我的拼写和发音"。他命令道："就按照我的手稿排版，让校稿人的建议留在他自己糊涂的残脑里吧。”

马克·吐温通过写下这些刺人的文字，让自己感觉轻松不少，可他并没有给对方带去任何伤害，因为马克的妻子偷偷地将信件收了起来，没有寄出去。

你愿意改变、改良他人，让他变得守规矩吗？很好！这是件好事情。我完全赞同。但是，为什么不先改变你自己？从一个纯粹自私的角度来看，较之改变他人，改变自己获益要更多。是的，而且其中的风险更少。孔老夫子说得好：各人自扫门前雪，莫管他人瓦上霜。

我年轻的时候总是竭力想要在公众中来个轰动效应。我曾经给美国文坛极具影响力的作家理查德·哈丁·戴维斯写了封愚不可及的信。我在一本杂志中找到一篇有关作者的文章，然后要求戴维斯告诉我他的写作方式。此前，我收到过一封来信，其脚注处是这样写的：“权威，但不易读懂。”对此，我印象很深。那时，我并不忙碌，有的是时间，但我却急于想给戴维斯留下深刻印象。于是，在信的末尾，我也这样写道：“权威，但不易读懂。”

戴维斯根本就不愿意认真作答，他只是在信的下方寥寥几笔写道：“你的鲁莽超出了你的无礼。”是的，我错了，得到这样的斥责是我活该。但是，作为人，我憎恨这样的斥责。我的憎恨是那么深，以至于十年之后当我听说理查德·哈丁·戴维斯的死讯时，我脑海里的第一反应仍旧还是憎恨——尽管，我羞于承认这一点。

如果你和我一样想积怨数十年直至离开人间，那么，就让我们享受那么一点点折磨人的批评吧——不管我们信还是不信，这都是绝对的道理。

让我们谨记，我们是和人打交道，不是与逻辑打交道。我们是与有感情的动物相处，这个动物充斥着偏见、骄傲和虚荣。严厉的批评致使托马斯·哈代这位英国文豪永远放弃了小说创作，批评还使得英国诗人托马斯·查特顿自杀。

本杰明·富兰克林年轻时并不机敏，但在处理人际关系时却很策略、很机敏，并因此而被委任为美国驻法国大使。其成功之道是什么呢？他说："我不愿意说他人的不是，对每一个人，我只谈论我所知悉的所有的优点。"

只有傻瓜才批评、谴责、抱怨别人，而且大多数傻瓜的确是这样做的；而具有人格魅力和自制力的人往往理解、宽恕他人。

卡莱尔曾说："大人物通过善待小人物而突显其伟大。"

鲍勃·胡佛是位著名的飞机试飞员，常常在航空展上亮相。《飞行》杂志有过这样一则报道：当胡佛驾机从圣地亚哥航空展返航洛杉矶时，在三百英尺的高空，飞机的两个发动机突然停止运转。通过灵巧的操控，胡佛最终使飞机安全降落，舱内机组人员毫发无损，但机身受到严重损坏。

紧急降落之后，胡佛的第一反应就是检查飞机的油箱。如其所料，他一直都在驾驶的这种二战时期的推进式飞机，此次使用的却是喷气式飞机机油，而非汽油。

回到机场后，胡佛要求面见为他飞机加油的工人。这位年轻人因所犯下的大错而痛苦不堪。胡佛走近时，他已经泪流满面。他给这架昂贵的飞机带来了巨大的损失，并且还有可能夺去三条人命。

你可以想象胡佛的愤怒。你可以料想到，这位骄傲而作风精准的飞行员痛骂那位粗心大意加油工的情形。但胡佛并没有责骂加油工，甚至连批评都没有。相反，他伸出宽厚的臂膀拥抱了这位工人，说道："我确信你再也不会犯同样的错误。从明天起你来为我的 F－51 服务吧。”

往往,父母都会批评他们的子女。你认为我可能会说“不要”。可是,我不会说“不要”,而会说:“在你批评他们之前,敬请阅读美国经典美文之一——《爸爸忘记了》。”该文最先出现在《人民之家杂志》的卷首。经作者的同意,我们在此引用《读者文摘》里的浓缩版。

《爸爸忘记了》是心灵瞬间的真诚感动,撞击了许多读者的心弦。这篇短小精悍的美文,是读者隽永的挚爱。正如其作者 W. 利文斯顿·拉尼德所述:“自从它问世以来,它便被全国成百上千的杂志、出版社及报纸转载。它被译成不同的文字。我本人已经授权,它可以使用在学校、教堂及演讲厅。它无数次出现在广播电视节目中。更为奇怪的是,大学的期刊和中学的杂志都曾刊用。有时候,一篇短小的文章竟可以奇妙地蹿红。《爸爸忘记了》就是其中的一例。”

爸爸忘记了

W. 利文斯顿·拉尼德

听着,孩子。这会儿,我和你说话的时候,你已经入睡了,一只小手蜷曲在腮下,黏糊糊的金色鬈发搭在了湿润的前额。我独自偷偷溜进了你的房间。几分钟之前,我正在书房看报,一股愧疚之情涌上心头。所以,我来到了你的床边。爸爸很内疚。

孩子,这是我当时的想法:我对你极为恼火——当你换衣服准备上学时,仅仅用毛巾胡乱地在脸上一抹,所以我责骂了你。因为你没有清洁自己的鞋子,所以我叫你去洗鞋子。你把自己的东西扔在了地板上,为此我愤怒地训责你。

早餐的时候,我也在找你的茬。你把食物溅得到处都是,你狼吞虎咽,你把手放在餐桌上,你在面包里涂抹太多的牛油。而当你准备去玩耍的时候,我却开始了对你的修正训导。你转过身来,挥着小手冲着我说:“爸爸,再见!”可我却皱着眉头回应:“挺胸抬头!”

黄昏的时候,我又找你茬了。我在大街上发现你正跪在地上玩小石头儿。你的长裤破了好几个洞。我当着你小伙伴的面羞辱你,一路追着把你撵回家。“裤子很贵。如果你还想买新的,就要更加地爱惜!”儿子呀,想想看,这些话竟出自一个父亲之口!

你还记得吗,这之后不久,当我在书房看书的时候,你怯怯地走了进来,眼神中流露出一种受伤的表情。我极不耐烦于你的干扰,抬起头,劈头盖脸就来那么一句:“你要干吗?”你站在门口,迟疑不前。

你一言不发,径直跑过来猛地扎进我的怀里,双臂搂着我的脖子,亲吻着我。我感觉到你那双紧紧相箍的小手所表现出的爱的力量,那是上苍在你心里撒下的盛放鲜花,任何的漠视都不可能使其枯萎凋零。吻过之后,你就“叭嗒”“叭嗒”上楼去了。

孩子,正是那当儿,报纸从我手中滑落,一股惧怕向我全身袭来。我怎么会让自己渐渐形成了这样一个坏习惯——我总是找你的茬,总是呵斥你?这就是我对待你这个小男孩的方式。孩子,我不是不爱你,而是对你要求太高。我一直在用自己这个年龄的标准来衡量你。

其实,你的本性里有那么多的真、善、美。你幼小的心灵就像山野里的曙光那么了不起。你不顾一切跑过来,亲吻我,和我道晚安,这就是最好的证明。孩子,在我看来,这是今晚最为意义重大的一件事。黑暗中,我来到了你的床前,我向你下跪,我羞愧!

这是我虚弱的心灵救赎。我明白,如果在你醒来之后才和你说上这些,你不一定听得懂。明天,我一定要做个名副其实的父亲!我会成为你的好朋友:你的痛苦和欢笑,我都要感同身受。每当自己不耐烦想要呵斥你的时候,我会控制住冲动。我会坚持这么说:“他只不过是一个孩子,一个小男孩而已!”我会把这个坚持看成自己每天的叩拜礼。

我实在是不应该把你看成大人。孩子,这是我这会儿所看到的你:疲惫地蜷缩在床上,完全就是个婴儿。记得昨天你还依偎在妈妈的怀抱里,脑袋瓜儿倚靠在她的臂膀上。我对你的要求实在是太多太多了呀。

让我们努力去谅解人,而不是责骂人吧!让我们尽量去想想他人行事的缘由。这比批评的收益更多,更耐人寻味;并且,还可启发人的慈悲情怀和忍耐情操。“了解众生,就是为了原谅一切。”

正如约翰逊博士所言:连上帝都要等到世界末日的来临,才提请审判人类的功过。

那么,你又何必去批评别人呢?

原则之一:杜绝批评,杜绝斥责,杜绝抱怨

2

与人和睦相处的秘诀

天底下只有一种方法,可以促使他人去做某件事。你是否停下来想过这个问题?是的,只有一种方法,那就是,促使他渴望去干这件事。

谨记,除此之外别无他法。

当然,你可以将左轮手枪顶着他人的肋骨,要挟他交出他的手表。你也可以趁员工还没有背弃你之前以“解雇”相威胁,命令他与你好好合作。你还可以用体罚或恐吓的方式,要求小孩子就范。可是,这些粗暴的方法只会造成令人不满的后果。

能促使对方做任何一件事的唯一办法就是:遂他愿,给他想要的东西。

你想要得到什么?

西格蒙·弗洛伊德说:“每一件我们乐意做的事情都源自两个动机:性的满足和对成为伟人的渴望。”

约翰·杜威,这位美国颇具影响力的哲学家,则对此有不同的阐释。他认为:“人性中最为根深蒂固的渴望就是要得到尊敬。”请谨记:渴望得到尊敬。这一点很重要。本书会多次提及这一点。

你想得到什么?其实,你孜孜以求、不愿放弃的并不多,大致包括:

1. 健康的身体和稳定的生活；
2. 食物；
3. 睡眠；
4. 金钱和借此可以买到的物品；
5. 未来生活的保障；
6. 性的满足；
7. 儿女的幸福；
8. 成就感。

在所有这些追求当中，只有一项难以得到满足。这个渴求根深蒂固，不亚于我们对食物和睡眠的迫切需要。这就是弗洛伊德所谓的“对成为伟人的渴望”，也是杜威所言的“渴望得到尊敬”。

林肯曾经在一封信的开首写道：人人都喜欢得到赞许。威廉·詹姆斯也说：“人性中最殷切的需求，就是渴望得到他人的肯定。”请注意，詹姆斯所说并非“希望”、“需求”，亦非“企盼”，而是“渴望”。

这是人类的苦恼，也是人类坚定的追求。实实在在能够获取这种心灵满足的人极少；而一旦获得这样的满足，人们便可以将他人的思维举止掌控，甚至于，“当其谢世之时，为其承办丧礼的工作人员，都会感到扼腕痛惜”。

成就感，是人类与动物之间的主要分野之一。这一点可以用我本人儿时的经历证明：我是在密苏里州的乡间农场长大的。那时，父亲养了好几头良种猪,以及一头纯种白肤奶牛。我们常常牵着家里的猪和牛参加中西部各类家畜展览和比赛,获得过好些个一等奖。父亲把获奖的蓝色绶带用别针别在一幅织锦上。每逢朋友来到我家,他就会取出这幅长长的织锦,他牵起织锦的一头,我拉起另一头,向朋友展示那些蓝色绶带。

家里的猪和牛并不在意它们所赢取的这些绶带,可我父亲在乎。这些绶带给他带来一种成就感。

假如我们的先辈对于成就感没有炽热的渴求,那么,我们不可能拥有今天的文明。没有渴求,我们人类就是如同动物一般的行尸走肉。

正是对成就感的渴求,驱使一位学历极低、贫穷潦倒的杂货店伙计钻研法律方面的书籍;书籍是这位店伙计在塞满家什杂品的水桶的最底下翻找出来的,为此他还支付了五十美分。你或许听说过这位店伙计,他的名字叫林肯。

也正是对成就感的渴求,激发了小说家狄更斯,从而创作了好些不朽之作。也正是这一渴求,激发了克里斯托弗·雷恩爵士(美国著名建筑师)在砖石间演绎不朽的诗篇。也正是这一渴求,驱使洛克菲勒积聚了无尽的财富!同样是这一渴求,促使你的富裕邻里盖起了远远超出其实际所需的豪宅。

这一渴求也刺激着你:渴求最潮流的服饰、最新颖的房车,以及人见人爱的子女。

而恰恰也就是这些渴求,诱惑着少男少女加入帮派,行凶滋事。前纽约市警察局局长 E. P. 穆罗尼指出:少年犯普遍自负,他们被捕之后的首要要求就是,想让那些艳俗的报刊将之吹嘘为英雄,与那些体坛、影视明星及政客相提并论,至于那漫长而苦恼的刑役似乎和他们毫不相干。

假如你能够告诉我你获得成就感的途径,那么,我就可以判断你的为人,因为手段可以决定你的人格,这一点于你至关重要。比如:约翰·D.洛克菲勒通过捐款,在中国北京建造一家现代医院而获得了成就感。他不曾见过这些病人,也不可能相见,但他给这些穷苦人带来了福气和甘霖。另一个名叫迪林杰的家伙,则是通过抢劫银行、杀人而实现其成就感。当联邦调查局探员在明尼苏达州围捕他的时候,他冲向一个农舍的屋顶,大喊:"我就是迪林杰!"他为成为头号人民公敌而沾沾自喜。"我不会伤害你们的。我就是迪林杰!"

是的,迪林杰与洛克菲勒之间最大的区别,在于他们各自获得成就感的手段。

在历史的长河中,不少高官要人为成就感而苦苦寻觅,其中令人捧腹之例比比皆是。乔治·华盛顿曾想民众尊称他为"美国总统阁下";哥伦布亦请求当局授予"西印度海军上将"的头衔;凯瑟琳拒绝签收没有注明"女皇陛下"的信函;而林肯夫人在白宫时曾对着格兰特夫人发出母老虎般的咆哮:"在我没有邀请你之前,你竟胆敢出现在我的面前!"

1928年,国内好些百万富翁资助伯德上将探险队前往南极考察,因为那里连绵的冰川将以他们的名字命名。维克多·雨果最为热衷的,莫过于巴黎这座城市可以更名为"雨果"。哪怕莎士比亚这位伟人之最,也曾为其家族贪念一枚盾形勋章,从而光大其名望。

有时候,为了赢得他人的同情和关注,人们会表现出种种病恙,以此博得同情,换得受人重视的感觉。例如,前第一夫人麦金莱为了"被重视",她会强迫她的总统先生放下重要的国家大事,倚靠在她的床头好几个时辰,搂着她、哄着她入睡;而当她在补牙的时候,她也要总统先生一直陪伴在其左右。有一次,因和国务卿约翰·海事先有约,总统先生不得不叫夫人独自去见牙医,结果,夫人大闹了一场。

作家玛丽·罗伯茨·莱茵哈特告诉过我这样一件事:为了“被重视”,一位聪颖、活力四射的年轻女士,突然之间变得病恹恹的。或许,她没法面对一些现实,譬如说年龄。她感觉孤独越来越逼近,人生了无生趣。于是,她一直躺在床上。十年来,她那年迈的母亲不停地在一楼和三楼之间打转,伺候她,为她端茶送饭。有一天,疲惫不堪的母亲倒下、去世了。数周之后,病恹恹的她不见了——她从床上爬起,衣冠楚楚,活力再现。

专家指出,人的精神异常是因为他在错乱的梦幻中找寻“被重视”的感觉,而这种感觉在残酷的现实世界里是无法实现的。在美国,罹患精神疾病的人是其他所有疾病的总和。

那么,精神失常的原因何在?

没有人能够回答如此庞大的问题,但我们知道某些疾病,例如梅毒,可以损及脑细胞而导致精神失常。事实上,约半数的精神疾病源于脑损伤、酒精,以及毒瘤等身体损伤。而另一半精神疾病呢?这是令人震惊的一半:此类病人根本就没有明显的脑组织损伤。专家曾解剖这些离世后的病人脑细胞,将之放在高倍显微镜下仔细分析,结果发现,其细胞组织与健康的你我没有二致。

那么,为何这些人会罹患精神失常?

我向一家久负盛名的精神病医院的一名脑科大夫请教,这位医术高超的专家向我坦承,连他也看不透这些病人的病因。不过,他强调,相当一部分人是由于无法在现实社会里寻求到“被重视”的感觉而精神崩溃。他向我叙说了这样一个故事：

> 我手头上就有这样一位病人。她婚姻不如意；她需要爱、性的惬意，以及孩子和名望，但她的丈夫毁灭了她所有的期冀。丈夫不爱她，拒绝和她共同进餐，强迫她把饭食端到楼上他的房间、服侍他。她没有子女，没有社会地位。结果，她精神崩溃，产生错觉，认为自己已经离婚，恢复了娘家的姓氏。这会儿，她又认为自己嫁给了英国贵族，总是要求人们称呼她史密斯爵士夫人。
>
> 至于说子女，她认为自己每晚诞下一个新生儿。每次我去探视她，她就说：“医生，昨晚我生了个小孩儿。”

残酷的现实摧毁了她的梦幻之舟；但是，在那阳光明媚、神奇的错乱世界里，她的梦幻之舟又扬起了欢快的风帆，驶入了港湾。

这是人生的悲剧吗？我无法判别。她的主治医生如是说：就算我可以伸出援手帮助她恢复常态，我也不会那样做。这会儿的她比神经正常的她还要快乐得多。

假如，一些人确实对“被重视”的感觉如饥似渴，并罹患精神疾病，那么请想象一下，如果给予人们真诚的赞赏，我们该会创造怎样的奇迹。

查尔斯·施瓦布是全美首个打工皇帝，他当时的年薪超过了一百万美元（当时薪金不必抽税，周薪五十美元的人已是高薪的金领）。1921年，时年仅三十八岁的施瓦布便被安德鲁·卡耐基聘为新近成立的美国钢铁公司的首任总裁。(之后,施瓦布离开了“美国钢铁”,接掌当时步履维艰的伯利恒钢铁公司,将其打造成全美利润最高的公司之一。)

为何安德鲁·卡耐基愿意以年薪一百万美元聘请查尔斯·施瓦布?那可是相当于日薪三千美元以上呀!为什么?因为施瓦布是天才吗?非也。因为他比其他人更懂钢铁制造业?无此一说。查尔斯·施瓦布告诉过我,他手下的很多人都比他更懂钢铁制造业。

施瓦布说他之所以有这样的薪水,是因为他有能力处理好人际关系。我曾向他讨教,以下是他的原话。我认为这些秘密应该镌刻在铜匾上,并在这个地球上的每个家庭、每所学校、每一间商铺,以及每一间办公室的墙上悬挂;孩子们应该将之铭刻于心,而不是浪费时间去死记那些什么拉丁语的动词组合,或是巴西的全年降水总量。如果我们依据这些秘密身体力行,你我的人生必将得以彻底改观。施瓦布说:

> 我认为自己具备激发周边众人热情的能力,我拥有这笔巨大的财富。赞赏和鼓励是拓展个人最大潜能的唯一途径;而公司的批评,则是对员工抱负最致命的扼杀。我从不批评任何人。我坚信赞赏是员工奋发的原动力,因此我非常乐意赞赏别人,讨厌吹毛求疵。要说我的乐意之事,那就是发自我心灵深处由衷的、慷慨的赞美。

这就是施瓦布成功的秘密。而我们这些平凡人又做了些什么呢?与施瓦布所做恰恰相反。如果不如意,我们便对着下属大发雷霆;如果高兴,则一言不发。这可正应验了一句古老的俗话:好事无人知,坏事传千里。施瓦布还说：

> 在广泛的人际关系交往中，我结识了世界上许多业绩辉煌之人。我发现，无论这人多么高贵，他都和常人一样，较之遭受指责，他往往在受到认可的情形下更加发奋工作，且工作效率也更高。

坦白地说，施瓦布所言，正是安德鲁·卡耐基的成功之道。无论是公开场合还是私下交流，卡耐基总是予以下属赞扬。

卡耐基甚至想在其墓冢旁也赞许他人。他曾为自己的墓志铭写下这样的话：长眠于此之人，懂得如何与比他更睿智的人打交道。

真诚赞赏，是约翰·D.洛克菲勒一世成功处事的秘诀之一。有一次，一个合作伙伴爱德华·T.贝德福德由于在南方的交易失手，致使公司蒙受了一百万美元的损失。洛克菲勒本可以指责他，但他明白贝德福德已经尽力，再说事情都过去了，所以他从积极的一面表扬了贝德福德。他为贝德福德竭力保住了60%的投资额而感到欣慰。他说："这已经相当不错了。我们不可能总是赚得盆满钵满。"

在我搜集的剪报里有这样一则故事。故事而已，并非现实，但它揭示了一个真理，所以我愿意在此和大家分享。

有一位农妇，劳累一整天之后为男人们准备了一堆干草作为晚饭。男人们气极了，质问农妇是否有毛病。农妇答道："嘿，我怎么知道你们在意？我已经为你们这些男人煮饭煮了二十年了，你们从没说过自己不吃干草。"

几年前，有人曾对妻子离家出走这一现象进行研究。你可知道调查结论是什么吗？主要原因是：缺乏赞许。我敢打赌，如果丈夫离家出走，调查的结论也如出一辙。我们通常都将自己另一半所做的一切视为理所当然，我们从来都不让对方知道自己内心的感慨。

培训班里的一名学员谈及其妻子的诉求：她和一群女性教友参加了一个自我提升的培训课程；之后，她要求丈夫帮她列出六件事情——通过这六件事情，丈夫认为她可以成为更优秀的妻子。该学员告诉班里的同学：

> 我对这样的诉求感到惊讶。坦白地说，列出六件事情就可以改变她，这太容易了。我的天！她可是能够列出上千件事情来改变我呀，可我并没有要求她这么做。我对她说："让我想一想，明早给你答复。"
>
> 第二天早晨，我起了个大早，致电花店，要他们送上六朵玫瑰花给我妻子，并附带上一张卡片，上面写着："我想不出有哪六件事可以改变你。我爱现在的你。"
>
> 猜猜，当天下班回家，谁在家门口迎候我？没错，我的妻子！她的双眸饱含着泪水。不用说，我高兴极了。真庆幸我没有按照她的要求指责她的不是。
>
> 紧接着的那个周日教堂礼拜，妻子将自己的经历告诉教友，那些太太们纷纷向我走来，说道："这是我所听到的最温馨的事儿。"从此，我明白了赞赏的力量。

弗洛伦茨·齐格飞是百老汇歌剧界赫赫有名的戏剧家，他以其精湛的创作让"美国女孩熠熠生辉"。一次又一次，他把相貌平平的"灰姑娘"们打造成了千娇百媚、风情万种的舞台明星。他知晓赞许和信心的力量，于是，他假以自身的殷勤和体贴感染她们，让她们相信自身的美丽动人；他明白物质的现实，他将歌剧合唱队女孩的周薪由三十美元提高到一百七十五美元。他还相当“骑士”：首映之夜，他必定致电大牌演员，还给每一位参与合唱的女孩送上一大束红蔷薇。

我一度跟风减肥，整整绝食了六天六夜。当然，这非常不容易。较之绝食的第二天，我第六天时的感觉好多了。我们都明白这一道理：如果让我们的家人、员工绝食六天，我们会有种犯罪感。可是，我们常常对家人、员工整整六天、六个星期，有时候甚至六十年都不表达发自内心的赞许——这可是他们像渴望食物一样的精神食粮呀！

著名演员阿尔弗雷德·伦特在担纲《重逢维也纳》主演时曾说：“赞美是我最为关键的营养品。”

我们会顾及孩子、朋友及员工们的营养，呵护他们的身体。可是，对他们的赞美，我们的呵护是何其少！我们给他们提供烤牛肉、马铃薯，我们为他们增进体能，可是，我们却忽略了要给予他们良好的赞许和祝愿——那就像启明星动人的音乐，永远在他们心海里歌唱呀！

保罗·哈维在其电台节目“故事的背后”中告诉人们：真诚的赞许可以改变人的一生。他向听众讲述了这样一个故事：几年前，身居底特律的一位教师，请求史蒂夫·莫里斯帮忙寻找在教室里走失的一只老鼠。她坚信史蒂夫拥有常人无法获得的天赋——为补偿他的双目失明，上帝赋予了他一对听力非凡的耳朵。这是史蒂夫有生以来第一次因为这对天才的耳朵而得到赞许。多年以后的今天，史蒂夫将那次得到的赞许看作新生活的开端。

从此，他致力于开发那天赋的听力，并且，以艺名“史蒂夫·旺达”屹立于20世纪70年代的流行音乐乐坛。

有些读者可能会说：“得了吧！别吹了！我试过阿谀奉承那玩意儿，不管用。知识分子不吃这一套。”

的确，明眼人都不买阿谀奉承的账，因之肤浅、自利、缺乏真诚，注定会撞南墙，而事实证明确实如此。但也有些人会如饥似渴地向往“被恭维”，正如饥肠辘辘时会饥不择食。

即使维多利亚女王也不能免俗于“被恭维”。首相本杰明·迪斯累里坦承，他和女王交往时要竭尽恭维之能事。在所有统管辽阔的大英帝国的人物中，迪斯累里可说是佼佼者，他优雅、机敏，是个天才。因而，他所熟稔的恭维方式，我们运用起来并不一定奏效。长远来说，恭维所带来的伤害多于好处。恭维是赝品，就好比是假币，如果你将之转给他人，最终必将给你带来麻烦。

那么，赞许与恭维的区别在哪里呢？很简单：前者出于真诚，因发自内心、利他的情愫而广受推崇；而后者则来自虚情假意，是利己使然，因而受到抨击。

最近，我在墨西哥城的查普尔特佩克皇宫，瞻仰墨西哥英雄阿尔瓦罗·奥夫雷贡的半身塑像。塑像的下面镌刻着这位英勇将军的至理名言：**不要害怕攻击你的敌人，但必须提防对你溜须拍马的朋友**。

不！不！不！我绝对不是暗示你要溜须拍马！绝对不是。我是在探讨一种全新的生活方式。请让我重复一遍：**我是在探讨一种全新的生活方式**。

在白金汉宫书房的墙上，装裱着国王乔治五世的六句箴言，其中的一句是这样的:**请教导我既不恭维他人,也不接纳廉价的赞扬**。是的,恭维就是廉价的赞扬。我曾经看到过一条关于恭维的定义,我认为值得在此引述:恭维就是精确地告知对方他本人心里对自身的看法。

拉尔夫·沃尔多·爱默生曾言:不管是用何种语言,你都无法描述当下的你。

如果我们必须做的一切仅仅是恭维,那么,人人都可以学会这一技巧,人人都可以成为人际关系方面的专家。

但当我们的大脑没有专注于某些方面的问题时,我们95%的时光都是在考虑自己。请暂时放下自我,想想他人的优点吧!放下了自我,我们才不至于觉得恭维他人太低贱、太不真实。

赞赏是一种美德,可是,我们在日常生活中却忽略了这一美德。当我们的子女捧回优异的成绩报告单时,我们视而不见;当他们第一次从烘炉里托出香喷喷的蛋糕,或是筑起了雅致的鸟巢时,我们也疏于鼓励。其实,孩子们的巅峰雀跃莫过于父母的关爱和赞许。

所以,下次当你在俱乐部里享用美味的牛排时,请别忘记向厨师表达你对他精湛厨艺的欣赏。同样地,当疲惫的推销员向你派发赠品时,请及时表达你的谢意。

当官员、教师或演说者全情投入、慷慨陈词而得不到受众丝毫赞赏时,其沮丧之痛可想而知。若同样的情形发生于办公室、商铺、工厂伙计之间,或是家庭成员、朋友之间,他们的失落更甚,甚至是专业人士的双倍。在人际交往过程中,我们必须谨记:我们大家都是普通人,都渴望得到赞赏。这是合情合理的温情,是人人都该有的享受。

在每天的纷扰旅途中，请你试试为人间留下那么一点点温馨和感恩。之后，你会惊讶地发现：这些友谊的星星之火已经是你下一个征程中的灯塔和航标。

学员帕米拉·邓纳姆来自康涅狄格州的新费尔菲尔德，她的职责之一是督促一位看门人的工作。这位看门人表现极差，工友们都嘲笑他，并且在干活的半途朝他乱扔东西以发泄不满。当然，这很糟糕，白白浪费了工作时间。

帕米拉尝试过各种方法激发这位看门人的工作热情，可就是不管用。偶然有一次，帕米拉发现他表现不错，于是及时在工友面前表扬了他。从此，这位看门人的表现一天比一天好，且很快就能够高效地完成所有该做的工作。现在，他的表现真不赖，得到了他人的认可和赞赏。诚挚的赞赏终将带来成就，而责备和嘲讽注定导致失败。

我们不可能通过伤害他人而促使他人有所改善。因此，我们不提倡责骂。有段古老的格言是这么说的：

> 我的生命只有一次，所以，我必须在当下立即对他人表达善良和美好。我不可以怠慢，也不可以拖沓，因为，我的生命只有一次。

我把这段警句剪下来，贴在镜面上。这样，我就可以天天都看到它。

爱默生曾说："就某种程度而言，与我同行之人必是我师。"

若爱默生之言于他个人而言有道理，那么，此言于你我岂不是千真万确？请尽量去发掘他人的长处吧。请不要逢迎，而是给予他人诚挚的赞赏。

请发自内心地、慷慨地赞赏。如此，人们会将你的言辞珍藏于心底，永生不忘，哪怕你早已将之忘却。

原则之二：给予他人诚挚的赞赏

3

换位思考，替他人着想

夏季,我常去缅因州垂钓。我喜欢吃草莓和奶油,但奇怪的是,我发现鱼儿喜欢吃蚯蚓。因为每次钓鱼时我总是想着鱼儿的喜好而非自身的需求。也就是说,我不会在鱼钩上放草莓和奶油做的诱饵,而是蚯蚓或是蚱蜢。我把鱼竿甩进水里,对着鱼儿说:"难道你不喜欢尝尝吗?"

那么,当我们要拴住对方心灵的时候,为什么不采用类似的方法呢?

第一次世界大战时期,大英帝国的首相弗洛伊德·乔治就是这方面的佼佼者。有人向他求教屹立政坛而不倒的秘密,因为诸如威尔逊、奥兰多、克莱蒙梭等这些战时的领袖早已湮没在人们的记忆里,他的回答是:唯一的答案是,必须为鱼儿挑选合适的鱼饵。

为何要谈论我们之所需?确实,这有点儿荒诞、孩子气。当然,你只感兴趣于自己所需,而非他人所需;你永远都只对自己感兴趣。我们也和你一样,只对我们之所需感兴趣。

所以,这世上唯一能够影响他人的方法是:谈论他们之所需,并且指引他们到达目的地。

当你试图要求他人做事时,请谨记这一要点。例如,你想劝阻孩子吸烟时，请不要说教，也不要谈及你的要求，只是告诉他们吸烟会导致他们进不了篮球队，也当不了百米赛跑的冠军。

不管你是在对你的孩子，或是你的牛犊，还是你的黑猩猩，都请你谨记这一点。这儿有个极具说服力的例子：有一天，拉尔夫·沃尔多·爱默生和儿子一起赶只小牛犊进棚，但他们俩都犯了个常识性的错误，即只考虑到他们自己所需——爱默生在后面推，儿子在前面拉；而这只小牛犊呢，也和他们爷俩的思维一样，只想到自己之所需——四肢僵硬地挺立着，怎么都不愿迈出草地半步。爱尔兰籍的女佣看到了这一幕，她伸出手指头放进小牛的嘴里，让牛吸吮。小牛感受到母亲般的温馨，便乖乖地跟着女佣走进了牛棚。这爱尔兰女佣不懂舞文弄墨，但在对待牛和马等牲口这件事上，她较爱默生更在行，她想到了牛之所想。

自出生至今，你一直都在有所作为，因为你想要得到某些东西。你或许会说，给红十字会大笔捐赠可不是为了达到某个目的。其实，这并非例外，因为你的捐赠出于你乐善好施的美好愿望，你想要做出一次美丽、无私而神圣的行动。“惠及他人，就是对自己的眷顾。”

如果，较之“惠及他人”的思想，金钱的吸引力于你更大，你就不会做出捐赠的行动。当然，出于羞于拒绝的缘故你也会有些善举。但不管怎样，这一点是明确的：你之所以行善，在于你想要得到回报。

哈里·A. 奥弗斯特里特在其名著《影响人类的行为》一书中阐述道：

> 行为源于我们最基本的欲望……而对于那些潜在的劝说者来说，不管是在商洽中、在家中、在学校，还是在政治辩论中，最佳的建议是：

首先要激发他人产生强烈的渴望。通晓此道者得天下;反之,则一败涂地,孤苦一生。

安德鲁·卡耐基这位苏格兰人曾经穷困潦倒,他从时薪两美分干起,可时至今日他已经捐出了三十六亿五千万美元。早年的卡耐基就懂得了这个道理:唯一能够左右他人思想的方法,就是谈论他人之所想。卡耐基仅仅上过四年学,但他却懂得怎样和他人相处。我们不妨看看下面的事例。

他的嫂嫂非常想念两个儿子,可是两人都在耶鲁各忙各的,甚少写信回家报平安,对母亲近乎疯狂的思念也置之不理。

于是,卡耐基以一百美元与人打赌,说他可以收到兄弟俩的回信。他给侄儿写信,在其中一封信中,他以家常的闲聊不经意地提到,他要给兄弟俩每人五美元。

可是,卡耐基忘了把钱塞进信封里。

结果,回信来了,说:"谢谢亲爱的安德鲁叔叔的善心和……"——你接着把这句话写下去吧。

还有一个事例来自我们的学员,俄亥俄州克里夫兰的斯坦·诺瓦克。有一天晚上,斯坦刚下班回到家,一眼看见最小的儿子蒂姆正在客厅又踢又闹。这小子第二天就要开始他的幼儿园岁月,这会儿还起劲地抗议、拒绝呢。斯坦往常的反应应该是:把这小子赶进房间,教训他说识趣的话,最好是下定决心上幼儿园,别无他法。但是,当晚斯坦换了一种教育方式。他意识到,惯常的做法不能引导蒂姆对幼儿园产生最佳印象。他坐下来思索,如果我是蒂姆,我为何要对上幼儿园感兴趣?于是,他和妻子一道列出了一串

蒂姆在幼儿园的乐事:用手指画画,唱歌,结交新朋友。然后,他们开始行动:

> 我们所有的人,包括我的妻子和儿子利尔·鲍伯,开始在厨房餐桌上涂鸦。很快,蒂姆便走到屋角偷窥,接着,他又央求要参与其中。“噢!不!你得先上幼儿园,要不然你学不会用手指画画。”在昂扬的激情中,我以蒂姆能够领会的语汇向他细数清单中所开列出的活动,告诉他在幼儿园可享受到的乐事。第二天早晨,我原以为自己是家里第一个起床的。可待我下楼后却发现,蒂姆在客厅的椅子上睡得正香呢。“你在这儿干吗呢?”我问道。“我正等着去上幼儿园呀。我可不想迟到哟。”我们全家对蒂姆上幼儿园热情的激发,是任何讨论和恐吓都无法实现的。

或许,明天你就要劝说他人做某事。在你开口说话之前,请停顿片刻,自问一句:我该如何使得这人乐意干这件事?

这个提问可以防止我们莽撞地陷入一个喋喋不休、唠唠叨叨的徒劳局面。

有一次,为了展开一个季度的系列讲座,我在纽约的某个酒店租下了它富丽堂皇的舞厅,一租就是二十个晚上。

可是,就在课程快要开始之际,我接到通知,说是我必须支付高出平时三倍的租金。当时,所有的课程安排都已经发出,入场券也已经印好、发售。

当然,我不愿意支付高出的租金,但是,跟酒店方说出真实的想法有什么用?他们只对他们之所想感兴趣。数天之后,我赶去见酒店经理。

我说:“收到你的信时,我有点诧异,但我绝不会责怪你。换位思考一下,我也有可能会写出一封类似的信。作为酒店经理,你的职责就是尽最大的可能创造利润。如果你不这样做,你就会被解雇,且必遭解雇。来,请拿出一张纸条,写下你执意增加租金所带来的好处和不利影响。”

我取出一张便笺,对半画出一条线,在分出的两栏里分别写下“好处”和“不利影响”。

在“好处”一栏,我写下“舞厅空置”。接着,我解释道:“若你不把舞厅租给我开讲座,而是留作跳舞或举行会议,这可以为你带来极大的收益。如果我连续二十个晚上租用你的舞厅,这肯定会使酒店的利润大打折扣。”

“来,我们再来谈谈不利影响。首先,你不可能从我这儿增加收益,恰恰相反,你的收入会减少。事实上,由于我不可能满足你增加租金的要求,你的收入几乎是零,而我也要被迫为开设讲座去另寻租处。”

“你还会蒙受另外一个损失。你知道,这些系列讲座本可以吸引大批受到过良好教育的文化人光顾你的酒店,这可是对你最好的广告,是吧?事实上,你已经花费五千美元在报纸刊登广告,但即便如此,你登广告所吸引的顾客也远没有我开讲座所带来的多。我的听众可是酒店的财富,对吧?”

我一边说,一边将这两项损失填注在相应的栏目下,然后将纸条交给经理,说道:“希望你仔细考量利弊之后给我最终的答复。”

第二天,我收到经理的来信,答复说只增加一半的租金,而非三倍。

在此提醒你:当时,我可是没有提出任何自己的要求就达到了那样的效果。我一直都是在讨论他人之需,以及让他人达到目的的途径。

假如,当时我不控制住自己的情绪;假如,当时我怒发冲冠,冲进经理办公室咆哮:“你明知我的讲座票已经付印,广告也已经见报,你就来要求上涨三倍的租金,你这是什么意思? 三倍! 荒唐! 不可理喻! 我是不会给的!”

那样,结局又如何呢? 可能,争吵会由小变大,从温和到剧烈;你该知道争吵的结局吧。即使他确信自己做错了,他的傲慢也无法迫使他放下架子,放弃之前的加租主张。

关于人际关系的艺术处理,亨利·福特有过这样的金玉良言:**成功的秘诀在于洞悉他人的想法,换位思考,替对方着想。**

亨利·福特说得真对,我想在此重复一遍:**成功的秘诀在于洞悉他人的想法,换位思考,替对方着想。**

这句忠告很简单、很明了,任何人念上一遍即可明白其中的道理。然而,这世上90%的人往往在其人生征程的90%时光里忽视了这一点。

可有实例佐证? 每天早晨,请你浏览一下桌面上的信件,你会发现,它们大多都违背了这一重要的原则。请读读以下这封信。该信出自一家广告公司电台部主管之手,是写给该公司全国各地分支机构的电台部主管的(在每个段落之后,我均在括号里写下了自己的阅读感受)。

亲爱的布兰克先生:

本公司非常希望公司的广告代理在广播界保持领先地位。

(谁在乎公司的愿望呀? 我正为自己的烦恼而焦虑呢。银行要取消我的房屋按揭,虫子在吞噬着我家花园里的蜀葵花,昨天的股市一落千丈……今早我错过了八点十五分的班车,昨晚琼斯家的女主人没有邀请我参加他家的舞会，我老长头屑，医生告诉我患了高血压、神经炎。还有呢！今早我忧心忡忡地回到办公室，拆开信件，看到的就是公司纽约总部絮絮叨叨的要求。去他的！但愿上司能明白这封信给人留下的坏印象！他真不该待在广告界，去清铲绵羊粪便吧。）

广告代理的收入曾是公司经营链的堡垒，年复一年，我们在广播电台的广告时段一直名列前茅。

（你是大佬，有钱，有地位，是吧？那又怎样？就算你强大的威力是通用汽车、通用电气以及美国将军级人物的总和，我也不会激动地欢呼。如果你有蜂鸟一半的智慧，你就会明白，我只对自己而非你有兴趣。所有这些只会给你带来巨大成功的扯淡，让我自觉微不足道。）

我们期盼我们的广告文案在广播资讯中出类拔萃。

（你们期盼！你们期盼！你们等着去碰满鼻子灰吧！我才不感兴趣于你们的期盼、美国总统的期盼呢！让我最后一次告诉你吧：我只感兴趣于我自己的期盼。可在这封荒唐可笑的信里头，你却只字不提我的期盼。）

所以，你是否可以将公司的利益放在你每周资讯的首要考虑之列？因为，对于广告代理的预设时间，每一个细节都至关重要。

（“首要考虑之列”，神经病！你一个劲儿地说公司如何如何重要，却把我看得那么渺小，连个“请”字都不舍得说，竟然还要求把公司放在“首要考虑之列”。）

请及时回信告知我们你最近的“业务”情况，这对双方都有所帮助。

（你这个混蛋！你给我寄来这么一封狗屁不如的信，一封如秋叶四处散落的信，却厚颜无耻地要求我做这做那。我还在为我的房屋按揭、我的蜀葵花发愁呢，我的血压正在陡升呢，却要乖乖坐下来弄明白你的指令，还要“及时”！“及时”！你这是什么意思？难道你不知道我也和你一样忙碌。至少，我自己是这么认为的。是谁给你这样的权力，指东指西地命令我？……你说“这对双方都有所帮助”。是的，终于，你开始为我着想了。但是，你根本不清楚该如何“帮助”我。）

你非常真诚的

约翰·多伊

电台部经理

附：随信附上从《布兰克维尔日报》翻印的材料应该对你有用，你可能会想让它在当地电台播出。

（终于，在信的末尾你的提点或许能够解决我的麻烦之一。为何不在信的开头就告诉我？但这些东西又有何用？任何废话连篇的广告正如你写的信，撰写人的脑子一定是进水了。你不必写信告诉我们该如何做事。你所需要的，是去为自己的甲状腺添加一夸脱的碘。）

瞧瞧！一味想献身广告业、摆出一副专家姿势说服别人买他账的人，居然写出这样一封信。那么，我们又怎么可以指望屠夫、面包师或汽车修理工写出什么优秀的隽语呢？

以下这封信出自一位大型货运总站的总管，是写给参与我们课程培训的一位学员的，学员名为爱德华·韦尔米伦。

亲爱的先生：

由于大部分货物均在傍晚时分抵达，敝公司出口货物的运作现在处于瘫痪状态。货品的积压，致使工人迫不得已要加班，即使这样，还是造成了货物运送的不及时，有时还耽误了货物的装卸。11 月 10 日，我们收到贵公司一批货物，共五百一十件，都是在下午四点二十分才抵达。

在此，我们恳请贵公司克服货物延迟抵达的种种困难，以免给我们的工作带来诸多不便。贵公司是否能够早些发货，或是安排部分货物在上午抵达？

想必这样的安排同样给贵公司带来诸多便利。这不仅可以确保贵公司的作业在当天完成，还可以减少货运卡车不必要的开销。

你最忠诚的

JB 总管

读罢此信,销售部经理韦尔米伦先生给我写下了如此评论:

该信的收效正好与写信人的初衷相背。信的开头就提到了总站的不便,总而言之,我们这边对此并不感兴趣。他一味要我们合作,却不考虑我们的不便;他只是在信的最后一段提醒我们,如果能够确保货物当天到达,则可以降低运营成本。这是事实。

换句话说,该信将我们最为感兴趣的方面放在了最后说明,结果,与其说是在合作,还不如说是挑起敌对情绪。

别浪费时间一味诉苦了。让我们来试试重新修改这封信。在此,让我们先回味一下亨利·福特的婉言告诫:换位思考,不仅考虑我们自己的所需,还要想到他人之所求。

以下是修改之后的信。虽不一定是最佳的表达,但已大有改进。

亲爱的韦尔米伦先生:

十四年来,贵公司一直是我们的好主顾,我们非常感激你的惠顾,同时也切盼为你提供快速、高效的服务。遗憾的是,由于贵公司 11 月 10 日的货物在当天下午临近傍晚才抵达,我们无法兑现对你的承诺。

何故？因为大部分客户的货物亦都在傍晚抵达，如此，就造成了拥堵。这意味着你的货物不可避免地滞留在码头，有时还可能导致装船、发货的延误。

这种情形当然糟糕，但其实是可以避免的。如果你的货物可以在上午到达码头，拥堵则不会出现，你的货物会得到及时的处理。这样的话，我们的工人就可以早些收工回家，从而美滋滋地享受贵公司所运送的通心粉和面条晚餐。

当然，无论你的货物何时抵达，我们都会一如既往地为你提供迅捷的服务。

深知你事务缠身，故而不必予以回复。

你最忠诚的

JB 总管

芭芭拉·安德森就职于纽约的一家银行，因念及其子的身体健康，她想调往亚利桑那州的凤凰城工作。她向该市的十二家银行发出了以下求职信，其中运用了她在培训课程中所学到的处事原则。

敬爱的先生：

我在银行界工作了整整十个春秋，我的工作经验应该可以为你这家蒸蒸日上的银行贡献绵薄之力。

目前，我在纽约一家银行信托公司任职分行经理，主持各类银行业务，包括储户往来、信用信托、放贷及日常管理等。

我计划于今年5月迁往凤凰城重新开始自己的事业生涯。我坚信，我可以为你的利润增长尽一份绵薄之力。我拟于4月3日前往凤凰城。若你能够给予我展示工作技能的机会，我不胜感激。

你真挚的

芭芭拉·L.安德森

猜猜看，安德森夫人可有得到一些回信？十二家中的十一家银行邀请她去面试，所以，她有很多选择的余地。她何以得到这么多的回复？原因在于，她没有强调她之所求，而是把重点放在了他们之所需。

每天，成百上千的推销员踏破铁鞋，疲惫不堪，却一无所获。何故？原因就在于，他们只是一味地考虑他们自己之所求，却没有意识到，你我根本就不愿意购买任何东西。如果真的有所需，我们会外出采购。主顾双方往往都是感兴趣于解决各自的问题。如果推销员向我们展示的商品或是服务，能够解决我们的问题，他们不必推销，我们都会购买。顾客都喜欢这样的感受：是他们自己在购买，而非被买。

然而，相当多的推销员终其一生都没有从顾客的角度考虑问题。以此为例：我曾在纽约市中心一个名为"森林山庄"的私宅社区居住。有一天，我在赶往车站途中正好遇上了一位房地产经纪人。他在这个私宅社区打拼多年，对周围环境了如指掌，于是我向他询问，我那栋灰泥土坯外墙的房子是钢筋还是空心砖结构的。他回答说不清楚，只是告知了咨询途径：致电森林山庄房屋协会。嘿嘿,那是我自己早已知悉的信息。次日早晨,我收到他的信函。信中可有我所需的信息?他完全可以在六十秒内致电相关部门得到答案,可他就是没有这样做。他在信中再次告知我可以通过电话得到答案,然后,就是向我推销房屋保险。

他并不想帮我的忙,他只一心想着他自己感兴趣的事。

学员J.爱华德·卢卡斯来自亚拉巴马州的伯明翰。他向我说起同一家公司两个推销员处理同一件事情的不同态度:

数年前,我在一家小型公司任职主管。公司附近是一家大型保险公司的总部,公司里的经纪人代理不同辖区的业务。而负责我们公司保险业务的有两个人,姑且就让我们称之为卡尔和约翰吧。

有一天早上,卡尔路经我们的办公室,不经意地提到他们公司能够为管理高层设立一项新的人寿保险。他想或许我们会感兴趣,所以等搜集到更多相关消息,他就会再过来相告。

同一天,我们在工间休息喝完咖啡返回办公室时遇到了约翰。他大声嚷嚷:“嘿,卢卡斯,请等一等,我有好消息要告诉你们。”他跑过来,极其兴奋地告诉我们,他们公司当天专为管理高层推出了人寿保险(正是卡尔提及的那种)。他想我们成为第一批投保人。介绍了一些重要信息和费用之后,他说:“这个险种刚刚推出,我想请总公司办公室明天派人过来和你们细说。来,我们先填好申请表吧。这样,我们的派员可以事先据此做好相应的准备。”他的热情激起了我们对新寿险的热盼,尽管当时我们尚未知悉当中的细节。而随后我们所得到的相关信息，证明了约翰所言属实。结果，我们当中的每一个人不仅向约翰购买了保险，且每人都买了两份。

这些销售业绩原本应该是卡尔的。他的失算就在于，他没有想办法激发我们投保的一丁点儿欲望。

这世上不乏积极钻营、不放过任何机遇之人。这种人极具优势，最有竞争力，因为他们总是想方设法无私地帮助他人。美国著名商贾和律师欧文·D. 扬曾说："那些设身处地为他人着想之人，那些明白他们自己心中所想之人，从来不会为他们的将来发愁。"

如果，阅读此书后你获得了这样一个与日俱增的思维方式：换位思考，从他人角度考虑事情，那么，可以肯定地说，你已经为自己的事业生涯奠定了坚实的基础。

换位思考、激发他人的渴望，并非意味着控制他人、损害他人而让自己获益，它旨在在协商的情形下让双方受益。在上述韦尔米伦的商函中，写信人与收信人都通过相互的沟通和建议而有所收获。而安德森夫人写给银行的自荐信更是如此——银行聘请到了不可多得的员工，而安德森夫人则找到了合意的工作，至于约翰向卢卡斯先生及其同事的保险兜售，那更是一举两得的买卖。

以下的事例更为经典。罗德岛华威区的迈克尔·E. 惠登是壳牌石油公司的区域推销员，他立志要成为其销售区域的推销冠军，但有个加油站就是不肯和他合作。该加油站的站主是位老人，任由别人怎么游说都不愿彻底更新他的加油站，以至于加油量大幅度锐减。

迈克尔要求这位老人更新加油站设施，可他就是不听，无论是推心置腹的好言相劝，还是设身处地的启发，都无济于事。最后，迈克尔决定领上这位迂腐的老经理参观壳牌最先进的加油站。

现代化加油站的先进设施，给这位老经理留下了深刻的印象。结果，迈克尔再度造访时，他的加油站已经焕然一新，汽油的销售量也在攀升，而这也让迈克尔成为该地区的销售冠军。起初，即使磨破嘴皮，迈克尔都没法说服老人，而欲望的激发，以及现代化加油站的直观感受却成就了他销售第一的愿望，并且，加油站老经理和他本人都有所得益。

大部分人都上过大学，都看得懂古罗马诗人维吉尔的诗篇，亦都掌握了算术的奥秘，可就是无法知晓他们自己脑袋瓜子是用来干啥的。有一次，我给大学毕业生讲授有关"高效演讲"的课程，这些毕业生即将成为大型空调器制造商开利集团的雇员。课堂上，有位学生想说服其他人在业余时间打篮球。这是他的演说词：

> 我想要你们出来打打篮球。每次我去体育馆要打球的时候，却发现凑不足人数组队。那天晚上，我们只有稀稀拉拉的两三个人在球场上瞎撞，这不，瞧瞧我这被撞得发青的眼睛。我希望明天晚上你们全都到场。我想打篮球。

他有谈及你所期冀的东西吗？你不想去那个谁也不会去的体育馆，是吧？你也不会在乎他的需求。你更不想把自己撞得鼻青眼肿，是吧？

他是不是该告诉你在体育馆里可能得到的收获？绝对应该。例如：增添活力，刺激食欲，清新头脑，游戏的欢乐，等等。

在此，让我重复一次奥瓦斯基教授的金玉良言：

> 行为源于我们最基本的欲望……而对于那些潜在的劝说者来说，不管是在商洽中、在家中、在学校，还是在政治辩论中，最佳的建议是：首先要激发他人产生强烈的渴望。通晓此道者得天下；反之，则一败涂地，孤苦一生。

有个学员非常担忧自己的孩子。这小男孩体重偏轻、厌食，而父母只是用惯常的法子责备、唠叨，再就是说什么“妈妈要你吃这个、吃那个”，“爸爸想你快快长大成为男子汉”。

对于这些哀求，小男孩听得进去吗？这就好比在沙滩上，你能注意到多少颗沙粒？

任何具备基本常识的人，都不会指望三岁的小孩对时年三十岁的父亲言听计从。然而，这位学员却正是这样期待的。这很荒谬。幸亏，他终于明白了这一点，他自问：儿子想要的是什么？我该如何将自己的要求和他的欲望联系起来？

当这位父亲开始思考这些问题的时候，事情就好办多了。小男孩有辆脚踏三轮车，他喜欢在布鲁克林区他家房子门前骑车遛弯儿。不过，街那头不远处住着一个比他大些的男孩，这男孩总是欺负他：把他从三轮车上拉扯下来，自个骑上去玩儿。

当然啦，每当受到欺负，小男孩都会尖叫着跑向他妈妈。妈妈从屋里出来，抱下大男孩，再放小男孩上车。这样的情形几乎每天都上演一次。

这小男孩需要什么？这个没有必要请夏洛克·福尔摩斯去侦探，答案很简单，那就是：他的骄傲、愤怒只为一种感觉——被尊重，这是他隐埋在心底里最最强烈的欲望。这欲望可以激发他去复仇，去将那欺侮人的大男孩打得头破血流。可是，小男孩的爸爸告诉他：只要能够吃下妈妈要求他吃的东西，终有一天，他就可以将那个欺侮人的大男孩打个落花流水。就这样，小男孩厌食的问题迎刃而解。菠菜、泡菜、盐焗鲭鱼……只要是能够令他强大并打败时时羞辱他的那个臭小子的东西，他通吃不剩。

紧接着，这对夫妇又纠正了小男孩另一个不雅的毛病：尿床。

小男孩和奶奶共睡一张床。早晨醒来，摸着湿漉漉的床单，奶奶总是这样问："约翰尼，瞧瞧，你昨晚又干啥了呀？"而小男孩的回答总是："不，我可没有尿床。是你尿床了。"

责骂，打屁股，羞辱……一切都无济于事，小男孩照样尿床。这对夫妇思忖：怎样才可以促使儿子夜晚睡觉不尿床呢？

小男孩到底想要什么呢？他说，首先，他要像爸爸那样穿睡衣裤，而不是像奶奶那样穿睡袍睡觉。奶奶已经厌烦了他在夜间的捣乱，所以很高兴应允给他买套睡衣裤，条件是他要保证不再尿床。此外，小男孩说他要有自己的床，自己睡。奶奶也不反对。

妈妈把小男孩带到一家位于布鲁克林的百货公司。她向女售货员眨眨眼睛，说道："这位小男士想要采购点儿东西。"

"年轻人，你要买些什么呢？"女售货员这么一说，小男孩顿感自己身份的显要。

“我要为我自己买张床。”小男孩踮起脚尖回答道。

于是,女售货员领着小男孩挑起床来。妈妈看中了其中一款,她向售货员使眼色,让她说服男孩买下。

次日,小床送到。傍晚父亲到家时,小男孩跑出家门大叫:“爸爸!爸爸!快上楼来瞧我买的床!”

“你不会再尿床了,是吧?”父亲问道。

“噢,不!不!我不会在这张床上尿尿的。”男孩许诺道,这当中包含了他的荣誉感:那是他自己的床,是他亲自买的床。况且,他现在要穿睡衣裤睡觉了,像个男人样了。他渴望自己的行为像个男人,而他做到了。

培训班另一位学员,电话公司工程师 K. T. 杜奇曼,也遭遇了教育子女的难题:他那三岁大的女儿不愿吃早餐,惯常的责骂、哀求、哄骗均以失败告终。这对父母冥思苦想:怎样才能够使她乐意吃早餐呢?

小女孩喜欢模仿妈妈,喜欢长大了的感觉。于是,有一天早上,夫妇俩将她抱起放在一把椅子上,让她自己做早餐。孩子得到了心理满足,她一边搅拌着麦片,一边对着在厨房里忙活的父亲说道:“噢,爸爸,你瞧瞧,今早我在煮麦片。”

不用哄骗,孩子便吃下了两份麦片。缘由是:她对煮麦片这一活计饶有兴致,她找到了自我表现的方式,她得到了一种被尊重的感觉。

威廉·温特曾说:“自我表现是人性中最为基本的需要。”我们为何不将此心理学理论运用于人际交往中呢?当我们心存绝妙主张的时候,千万不要让他人感觉主意出自我们一方,而是要让主意在他人心中生根、发芽,让他感觉主意出自他的内心。这样,他便会喜欢上它,并且,还有可能为它付诸行动。

谨记:首要任务是要激发他人的渴望。换位思考、替他人着想之人,才可以拥有整个世界;否则,等待他的只有穷途末路。

原则之三:激起他人强烈的渴望

小　结

原则之一:杜绝批评,杜绝斥责,杜绝抱怨

原则之二:给予他人诚挚的赞赏

原则之三:激起他人强烈的渴望

第二章
让你受欢迎的六种方法

1

广受欢迎的途径：做到真心理解他人

为何要阅读此书探寻赢取朋友信服的诀窍？为何不钻研钻研那些成功人士交朋结友的技巧？你的朋友又会是谁呢？或许，明天你就可能在街上碰见他；在十英尺之遥，他已经开始向你伸出橄榄枝。如果你可以停下脚步，拍拍他的肩膀，他几乎会蹦地弹起跳向你，向你诉说他是多么喜欢你。你该知道，在他诚挚的热情背后，其内心并没有隐藏任何动机——他既不会向你兜售房屋，也不是意在要和你结为秦晋之好。

你可曾停下匆匆的脚步思忖过：狗是唯一不必为生存而干活的动物？母鸡必须下蛋，奶牛必须供奶，而云雀必须歌唱。但是狗呢，凭着它给予你的爱意便可以谋生。

我五岁的时候，父亲花五十美分买了一只黄毛小狗。它是我童年时代的欢悦。

每天下午，大约四点半钟，它便会坐在前院里，一双漂亮的双眸直勾勾地盯着小道，一旦听到我的声音，或是看见我摇摇晃晃地提着饭盒从矮树丛里走出来的时候，它便会如离弦的梭箭般冲上小山岗迎接我，上气不接下气的叫嚷中，充满了悦动的狂喜。

小狗蒂皮和我相伴了五年,直到那个悲惨的夜晚——我永远都无法忘记那个夜晚。和我相隔十英尺远的蒂皮死了,它被雷电击中,离我而去。蒂皮的死,是我孩提时代的一幕惨剧。

蒂皮,你从来没有读过心理学方面的书籍。你不必去阅读,因为凭着某些神圣的本能,你便知晓:通过真心地了解他人,而不是让他人去了解你,在两个月内你所能结交的朋友,较别人两年内所结交的还要多。让我重复一遍:通过真心地了解他人,而不是让他人去了解你,在两个月内你所能结交的朋友,较别人两年内所结交的还要多。

你我均明白,在人生路上摔过跟头的人,往往总是乞讨别人去了解他自己。

当然,这种想法不管用。人们对你并不感兴趣,对我亦是如此。无论何时,他们连对自己都不感兴趣。

纽约电话公司曾经对电话交谈进行详细的研究,试图找出其中使用频率最高的词语。你可以猜得到答案的。对,没错,就是那个人称代词——"我"、"我"、"我"。在五百个电话交流中,该词出现了三千九百次。

当你在观看一组画面里有你的形象的照片时,你会先看哪一张?

如果我们仅仅是迫使他人对我们自己的所作所为感兴趣,那么,我们永远都无法结交真正的朋友。真正的朋友不是靠那种途径结交的。

拿破仑的交友方式便是如此。与约瑟芬最后一次会面时,他说:"约瑟芬,我是这世上的幸运之人,而这会儿,你是我唯一可以信赖的人。"但是,历史学家并不认为约瑟芬是拿破仑可以信赖之人。

在《你该如何生活》一书中,维也纳著名的心理学家阿尔弗雷德·阿德勒认为:对他人不感兴趣之人,在人生中将遭遇一连串的碰壁,并且,此人是祸害他人之源,也是人类一切失败之根。

或许,你饱读心理学方面的鸿篇巨著,但却从来没有读到阿德勒这句于你我来说都至关重要的至理名言。此言的内涵是如此丰富,我要在此重复一次:**对他人不感兴趣之人,在人生中将遭遇一连串的碰壁,并且,此人是祸害他人之源,也是人类一切失败之根。**

我曾经在纽约大学参加过一个短篇小说撰写的培训课程,其间,一家上流杂志社的编辑给我们授课。他说,每天在办公桌上,随便拿起任何一个故事稿件,他只要读上那么几个段落,便可以判断故事作者是否爱戴读者受众。"如果作者不爱戴读者,读者就不会喜欢他的故事。"这位编辑如是说。

课堂上,这位作风强悍的编辑,一而再地中断关于小说写作的讲座,连连为自己的大通说教道歉。他说:"我只不过是告诉了你一些连你的牧师也会告诉你的道理。记住,如果你想在小说撰写方面有所成就,你就必须对读者感兴趣。"

如果写小说的成功在于此,那么与人面对面交流的技巧也一定源于此。

霍华德·瑟斯顿是家喻户晓的魔术师。四十年来,他的表演足迹遍布世界的每个角落,他那奇幻的创作一次又一次地让观众叹为观止。有超过六千万观众观看过他的表演,他亦从中获利近二百万美元。在他即将在百老汇舞台上谢幕之际,我有幸在化妆间和他畅谈了一个夜晚。

我向他请教成功的秘诀。无疑,他的成功与学历无关。尚是小男孩之时,他便离家出走,成了无业游民。他扒大棚车,沿路乞讨,夜宿草垛,仅有的识字和阅读,是出自大棚车铁路沿线的各式信号和标牌。

那么，他是否拥有超凡的魔术知识？没有。他告诉我说，虽然有关魔术的书籍数以百计，但观众懂得多少，他也就知道多少。但是，他拥有的两样东西是其他人不曾有过的。其一，他具有让观众欣赏其人格魅力的能力，他是一流的演艺大师。他知晓人性。他的每一个动作，每一个姿势，每发出的一个腔调，甚至每一次举眉，他都要事先精心彩排，力求达到每个步骤精确到秒。其二，他真诚地去理解他人。他告诉我，大多数魔术师在直视观众的同时会对自己说："那儿有一群容易上当的傻瓜，有一群乡巴佬，我要耍他们一把。"但瑟斯顿的态度恰恰相反。他告诉我，每当踏上舞台，他就对自己如是说："这些人来看我的表演，是我的荣幸。他们让我的人生如此愉悦。我要尽己所能向他们呈献最棒的魔术表演。"

瑟斯顿说，每次走向舞台，他都要先一遍又一遍地告诉自己："我爱我的观众。我爱我的观众。"荒唐吗？不可思议吗？你有权利这么认为。我只是不加任何评论地将这位著名魔术师的成功要诀传达给你。

宾夕法尼亚州北沃伦的乔治·戴克，在加油站服务三十年之后不得不退休了，因为一条新的公路将从他那座加油站穿过。退休不久，他便觉得无所事事，烦闷无聊，于是他拉起了那把老旧的小提琴，以打发无聊的时光。他还去周边地区闲逛，听音乐会，和一批卓有成就的小提琴手们交流。他谦虚、友善，潜心琢磨他所见过的每一位乐手的背景及其兴趣爱好。尽管他本人不是非凡的小提琴手，但他却以自己的方式结识了这方面的好些高手。他参加比赛，很快便受到美国东部乡村音乐乐迷们的追捧，称其为"乔治大叔——来自金祖阿县城的顶级小提琴手"。其时，乔治大叔已七十二岁，但他却让自己每一分钟都过得有滋有味。凭着对他人恒久的兴趣，他为自己开创了一种全新的生活——在绝大多数人认为“万事休矣”的年岁。

西奥多·罗斯福广受欢迎的秘诀也源于此。就连仆人都喜欢罗斯福。他的随从詹姆斯·E. 阿莫斯著有《西奥多·罗斯福——随从心目中的英雄》一书。书中，阿莫斯津津乐道于这样一件事：

有一次，我太太向总统先生请教鹌鹑这种动物的知识，因她从未见过这样的鸟。总统向她作了详尽的描述。此后不久，我家的电话铃声大作。（阿莫斯及其妻子的小屋，就在罗斯福位于奥伊斯特湾的大宅里。）太太接过电话，原来是罗斯福先生打过来的。他叫我太太向窗外看，因为在我们屋子的窗台上就有一只鹌鹑。就是这么一桩小事，我们便可以窥见罗斯福的人格魅力。每当他经过我们的小屋，就算是没有看见我们的身影，我们都会听见他的呼唤：“咕咕，安妮？”“咕咕咕，詹姆斯！”这是朋友般的温馨呼唤。

如何才能如罗斯福那样让雇员保持对雇主的持久热爱？如何才能让任何一个人都喜欢上雇主？

有一天，罗斯福造访白宫，但塔夫脱总统夫妇均外出了。其时，罗斯福见到大家时的诚挚欢欣跃然脸上。他叫出了所有昔日为他服务的仆人的名字，包括厨房洗涤室里的那些工人的名字。阿奇·巴特如是汇报：

当他看见厨子艾丽思时，他问她是否还会做些玉米面包。艾丽思告诉他，有时她会为工人做点儿，但那些官儿都不怎么感兴趣。

"他们的品位可真差,"罗斯福朗声说道,"回头等我见到总统我得和他说说。"

艾丽思取出一块玉米面包放在碟子上递给罗斯福,罗斯福走向办公室,一边吃着面包,一边和花匠、劳工打招呼……

他一如既往地如就任总统时那样称呼每一位员工。艾克·胡佛这位在白宫工作长达四十年的首席传达员,每每说起罗斯福当天的到来便热泪盈眶:"那是我们那里近两年来唯一快乐的日子,就算出价一百美元,我们当中的任何人都不愿意作交换。"

同样,对卑微大众的关心,也让新泽西州查塔姆的销售代表小爱德华·M.塞克斯受益良多。他说起这样一次经历:

数年前,我在马萨诸塞州推销"强生"的产品。每次,当我造访位于馨亨区的一家药店时,我都会先和卖汽水的店员聊上几句,然后再跟店主交谈,确认订单。有一天,店主告诉我,他再也不会进"强生"的货了,因为他感觉这家公司只注重食品类产品的促销,且只关注折扣店的生意,这对小型药店来说是个损伤。他要我立即离开,不要再进行游说兜售。我拔腿退出,钻进汽车,在镇子里游逛了好几个小时。最后,我还是决定回到药店,至少,我该将我们的立场向店主解释解释。

我调转车头,踏进药店,如往常那样和卖汽水的店员打招呼。当我来到店主跟前时,却发现他面带微笑,还说欢迎我回来,接着,他给了我双倍的订货单。我呆呆地看着他,询问他自我走后的数小时内发生了什么事。他指着那位站在汽水泵旁边的年轻人，告诉我说，我离店之后，那位男孩告诉他我是这家药店不可多得的销售代表，因为每次到访我都和店内各个店员打招呼。他还告诉店主说，若这世上真有人值得合作做生意，那就是我了。店主认为他说得有道理，并表示要和我这样忠心的销售代表保持业务联系。因此，我一直铭记于心：真诚地关心他人，是作为销售代表该有的最重要品质——于任何人、任何事亦然。

我个人的亲身经历也让我明白：通过真诚地关心可以赢得他人甚至那些当红之人对你的关注，从而展开合作。以下便是一例：

数年前，我在布鲁克林文理学院开设小说写作课程。那时，我们想邀请享誉盛名的多产作家来和学员们分享他们的成功经验，如凯瑟琳·诺里斯、范妮·赫斯特、艾达·塔贝尔、阿尔伯特·佩森·特休恩、鲁珀特·休斯等。于是，我们给他们去信，表达对他们作品的钦佩之情，并且表示乐意倾听他们的成功秘诀，以及关于创作的建议。

大概一百五十名学生在每一封信上都有签名。在信中，我们说我们明白这些作家都很忙，忙得顾不上准备一次讲座，所以我们随信附上了一份问卷调查，要求他们按自己的实际情况作答。他们都喜欢这种沟通方式。有谁会不喜欢呢？就这样，他们放下了手中的写作，离开家，来到了布鲁克林给我们的学生授课。

还是这样的方式，我邀请到了相当多的名流政要给我的学员开讲“公众演说”。其中包括西奥多·罗斯福内阁成员、财政部长莱斯利·肖，塔夫脱内阁成员、大律师乔治·W. 威克沙姆和威廉·詹宁斯·布赖恩，以及富兰克林·D.罗斯福等。

无论是工厂里的工人、办公室里的职员,还是头顶皇冠的一国之君,我们都乐意看到自己得到他人的尊敬。以德国皇帝为例。第一次世界大战结束时,德皇或许是当时世上最凶残、广受鄙视之人。当他逃亡荷兰以保全性命之时,甚至他自己的国民都反对他,恨不得将他碎尸万段或是处以火刑。不过,在这熊熊怒火的氛围之中,有个小男孩却给他写了封信,信中饱含诚挚、善意及钦佩。在信里,小男孩说无论别人怎样看待德皇,他都会一如既往地热爱这位帝王。德皇被小男孩的真诚深深地打动了,他邀请男孩去拜访他。小男孩和母亲一起去了,结果,德皇娶了他的母亲为妻。这个小男孩并没有从书中找寻赢得朋友、影响他人的秘诀,而是他的本能指引着他处世的技巧。

如果我们想结交朋友,那么就应该忘却我们自己的利益,先为他人做些事情,那些需要付出时间、经历、周全考虑及忘我情怀的事情。当温莎公爵还是威尔士亲王的时候,他拟去南美巡视。出发前的数个月,他便开始学习西班牙语,为的是在巡视南美各国的时候他可以使用南美的官方语言进行公众演说。正因为这样,南美的人民拥戴他。

这些年来,我一直都在试图探知朋友们的生日。如何得到答案呢?尽管我压根儿就不相信占星术,但我会询问对方是否相信生日与人的性格和气质有关联,接着,我又问对方的具体生日日期。例如,如果他的生日是11月24日,我便在心里不断重复"11月24日,11月24日"。待到朋友一转身,我便写下他的名字及生日日期,然后再转记在我专记朋友生日的笔记本里。每年的伊始,我会把这些朋友的生日标记在日历上,这样,它们便"自动地”引起了我的注意。当某个朋友生日之际，我就给他写信，或是发出电报。那是多棒的美事呀！我是这地球上唯一能够时时记起朋友生日的人。

如果我们想结交朋友，那么就让我们以笑脸和激情相迎吧。电话交流时同样要保持这样的心态；接听电话时的一句“你好”，要让对方充分明白你的愉悦和欢欣。好些企业都会培训电话接线生，要求他们接听所有电话时内心都要洋溢着关心和热忱，这样，致电人才会感受到企业的体贴和关怀。明天，当我们接听电话时，请谨记这一点。

对他人表达诚挚的关心，不仅可以为你赢得朋友，而且还能够为公司开拓忠实的客户群体。以下这封信出自一位名叫玛德琳·罗斯戴尔的储户，该信发表在纽约北美国民银行所出版的《鹰》杂志上。

> 我真想让你知道，对于你的员工，我有多么感激。他们当中的每一位都是如此彬彬有礼，乐于助人。在经过漫长的等待轮候之后，能够得到出纳员的笑脸相迎，那该是多么愉悦的美事。
>
> 去年，我母亲住院长达五个月之久，所以，我时常会和出纳员玛丽·彼得鲁塞罗接触。她很关心我母亲的病情，时常问起她的治疗进展。

罗斯戴尔夫人是否会继续在此银行开户存钱？这还用问吗？

查尔斯·R.沃尔特斯任职于纽约一家大型银行。有一天，他要为某一集团准备一份机密文件。他知道，集团主席是唯一能为他提供其所急需数据之人。当他被带进主席办公室的时候，他看见一位年轻女子探过头来，告诉主席当天她没有邮票可以给他。

“我在为我那十二岁的儿子收集邮票。”主席向沃尔特斯先生解释道。

沃尔特斯先生陈述完自己探访的目的之后便开始提问，而主席的回答却很模糊、笼统。他不想说话，而且也没法打动他开口说话。探访只好草草结束。

沃尔特斯先生在培训班上如是说：

坦白地说，我不知道如何是好，但我想起了他的秘书向他提起过“邮票”、“十二岁的儿子”……我想起我们银行海外部的邮票，那些来自世界各地的信函上贴着的邮票。

次日下午，我致电那位主席，说我有些邮票要送给他的儿子。我能够受到热情接待吗？当然了，先生！就算他曾竞选国会议员时的热情，也没有当时和我握手时那么高涨。他满面笑容，态度友好，一边抚弄着邮票，一边说道：“我的乔治一定会喜欢这张。瞧瞧这张，这可是个宝贝呀！”

在他儿子的照片旁，我们谈了半个小时的邮票，然后，他用去一个多小时答复了我所要了解的每一个细节——我可没有任何提示说要求他这样做啊。他告诉我他所知道的一切，还要下属进来补充，此外，他还致电一些同僚。他向我提供了大量的事实、数据、报告书及往来信函。按新闻记者的说法，我掌握了独家内幕消息。

这里还有另一个以心赢心的事例：

学员小C. M. 克纳弗来自费城，好些年来，他都尝试着向一家大型连锁公司兜售燃油，可这家公司偏偏只买城外另一家供应商的账，且每次拖油车都要从他办公室门前经过。在一次培训课中，克纳弗先生向班里的同学一股脑儿地倾泻出自己对连锁公司的愤怒，指责它们是这个国家的一大祸害。

直到那时，克纳弗先生尚不明白自己为何不能说服连锁公司购买他的燃料。

我向他建议尝试其他营销策略，为此，我们在培训课上展开辩论：连锁店的四处蔓延是否给这个国家带来危害而非利益。

依照我的提议，克纳弗站在了为连锁店辩护的一方。此后不久，他找到了那家令他鄙夷的连锁集团，对着一位行政主管说："我可不是来这儿兜售燃料的，我是来寻求你的帮助的。"在简要介绍完他的辩论来由之后，他接着说："我来这儿是向你求援的，我认为除了你没有其他人可以为我提供我所需要的事实。我非常想赢得这场辩论；对于你所给予的任何帮助，我深表感激。"

以下是克纳弗先生所叙述的余下故事：

> 此前，我请求这位主管给我一分钟的时间，正因为我体谅他的忙碌，他才同意接待我。陈述完我们的辩论内容之后，他给我搬来一把椅子，与我讨论了足足有一小时四十七分钟之久。他叫来另一位主管参与我们的讨论，该主管曾就连锁经营著书立说。他甚至为我向国家连锁经营协会写信，代我借出有关的书籍。他认为连锁店是为人类提供真正服务的机构，他为自己能为数以百计的社区服务而感到自豪。他侃侃而谈，双眸闪烁着睿智的光芒。我必须承认：他为我敞开了一个我从未梦见过的世界。他将我整个心理状态调整了过来。

道别之际,他揽着我的肩膀送我出门,还祝愿我在辩论中有卓越的表现,并且,还表示当我碰到疑惑时可以随时造访。他的道别语是这样说的:"我们暮春时节再见,到时我会向你下订单。"

对于我个人而言,这简直就是一个奇迹。我并没有作任何提示,而他却说愿意向我购买燃油。由于我对他的行业及问题表现出了真正的关心,一宗买卖竟然在两个小时之内便敲定了!此前,我可是用去了十年的工夫都没法让他对我和我的产品产生兴趣呀。

那是因为此前你没有弄明白一个道理,克纳弗先生。很久以前,较耶稣基督的诞生还要早一百年,一位名叫帕布里留斯·塞拉斯的古罗马诗人就曾有此一言:当我们关心他人之时,他人也会对我们感兴趣。

对他人的关注必须出自真心,这一点和其他人际关系处理原则的核心一样。这不仅让付出关心之人获利,同时,还让得到关心之人得益。这是一条双赢的平行线。

马丁·金斯伯格是我们纽约长岛培训分部的学员,他向我们叙述了一位护士的特殊关心深刻影响其人生的经过:

那一年我十岁,那是在感恩节的当天,我躺在一家福利医院的病房里,等待次日进行的矫正视轴外科大手术。我明白,在未来的好几个月内我只能乖乖地躺着,忍着疼痛直至痊愈,别无他法。我爸爸已经去世,妈妈和我住在政府的福利房里,相依为命。那天妈妈要干活,没工夫来探望我。

随着白天的渐渐逝去，孤独、绝望及害怕的情绪充斥着我的心田。我知道，那会儿妈妈待在家里，在为我焦虑、揪心；她孤零零的一个人，没有人陪她吃饭，没有足够的钱准备一顿感恩节的晚餐。

泪水迷蒙了我的双眼，我把头埋进枕头里，拉起被子盖上。我无声地哽咽，这种压抑的痛哭，使得我的躯体痛苦地扭曲起来。

一位年轻的见习护士听到我的抽泣，走了过来，掀开盖在我脸上的被子，开始为我擦拭眼泪。她告诉我她好孤单，因为要值班而无法和家人共度节日。她问我是否愿意陪她一起吃晚饭。她端来了两个托盘的食物，有火鸡肉片、土豆泥、酸果酱，还有冰淇淋甜点。她一直和我说话，哄我赶走恐惧、放下忧愁。尽管她该在下午四点交班，可她一直陪我待到夜里十一点。她和我玩游戏、聊天，直至我熟睡了才离开。

十岁之后，我度过了许许多多次感恩节，可我却永远不会忘怀那个特别的感恩日子，陌生人给予我的温暖，柔情融化了我内心的沮丧、害怕及孤独。

如果你想让其他人喜欢你，如果你想建立真正的友谊，如果你想在帮助他人的同时让自己获益，请你谨记这条原则：

原则之一：真诚地关心他人

2

保持微笑，给人留下良好的第一印象

在纽约的一次晚宴上，一位“富二代”女宾客着意想给每一位来宾留下美好的印象：紫貂大衣、钻戒，还有珍珠项链。可是，她的脸部表情却没有那么“华丽”，呈现出来的全是酸腐和自私。她没有弄懂这样一个尽人皆知的道理：一个人的面部表情，远比其着装重要得多。

查尔斯·施瓦布曾经告诉我，他的微笑价值百万；他明白个中的道理。他的卓越成就几乎都归因于他的人格魅力及交际能力，而其人格魅力中最为突出的一点就是他那迷人的微笑。我们的一颦一笑较之一举一动更具震撼力。一个微笑所传达的意义是：我喜欢你；你让我感到幸福；见到你我很高兴。

这就是为何小狗人见人爱。一瞧见我们，小狗便欣喜若狂。很自然地，我们也就乐意见到它们。

婴儿的微笑效应亦在于此。

可曾见过医院轮候室里那些郁闷不乐、烦躁不安的面孔？斯蒂芬·K.斯普芬尔博士是密苏里州雷镇的兽医，他向我们培训班学员讲述了这样一个故事：

有一年的春日，轮候室里人满为患，大家都带着自己的宠物前来打预防针。屋子里悄无声息，或许，没有人乐意干等，人人心里都在考虑着自己的一大堆烦心事。当一名少妇怀抱着一个九个月大的婴儿，拖着小猫咪进来的时候，屋子里已经有六七个人在等候。仿如幸运之神的安排，她坐在一位男士的旁边，那位男士由于已经等待好长时间而显得心急如焚、坐立不安。就在这当儿，少妇怀里的婴儿仰起脑袋瓜儿看着他，带着婴儿特有的甜甜微笑看着他。这位男士是什么反应呢？当然，正如你我常人的反应一样：他也微笑着看着婴儿。很快，男士便和少妇拉起了家常，谈论起她的宝贝和他的孙儿。旋即，屋子里的人们开始了聊天，紧张、郁闷的氛围一扫而光，取而代之的是欢笑和愉悦。

那么，皮笑肉不笑可以吗？不行。这种笑蒙不过任何人的双眼。这种笑容很僵硬，我们讨厌。我所要的是真正的微笑，是真心的微笑；它发乎心底，价值连城。

关于微笑，密歇根大学心理学教授詹姆斯·V.麦康奈尔有此感言：人们微笑的目的是为了有效地教化、行销，或是更自如地养育下一代。较之皱起的眉头，微笑给人的信息要正面得多。这就是为什么鼓励的教育方式远比惩罚有效。

纽约一家大型百货公司的人力资源经理告诉我说，她宁可雇请虽没有文凭但满面笑容的售货员，而不愿聘请板起脸的博士。

尽管无形且无法触及，但微笑的力量是强大的。全国电话公司正在实施一项名为“电话力量”的项目，要求员工们通过电话以微笑的表情介绍他们的服务、销售他们的产品。公司认为,员工的"微笑"可以从语音中显示出来。

罗伯特·克莱尔是俄亥俄州辛辛那提市一家公司电脑部的主管,他向我们讲述了他为一稀缺职位成功觅得合适人选的经过:

> 一直以来,我都在为我的部门苦苦寻找一名计算机专业的博士。终于,我将目标锁定在一名年轻人身上,他各方面素质都很理想,且即将从普渡大学毕业。数次电话交流之后,我得知他此前已经收到其他公司的录用通知,而这些公司都比我所供职的公司大、有名气。所以,当他表示愿意在我的部门就职时我非常高兴。在他履新之后,我问他为何选择了我们而非其他公司,片刻思量之后,他说:"我认为这是因为其他公司的主管在电话里头那冷冰冰、公事公办的口吻,让我感觉是在谈生意,而你的语调听起来让我能够感受到你的快意……你是真心想我成为你公司的成员。"我向你保证,至今,我在和别人电话交流时都保持着微笑。

美国最大的橡胶公司董事局主席告诉我:据他的观察,人们在工作时如果不是乐在其中,则很难取得成功。这位产业舵手并不看好那句古老的格言:勤奋工作是开启我们欲望之门的魔钥。"我认识那样一些人,"他说,"他们曾经辉煌过,因为当时他们享受工作中的每一个过程,乐在其中。可是,后来这些人变了,他们将乐趣看成了工作,结果,他们工作起来了无生趣,他们也就此失去了快乐,生意亦以失败告终。"

如果你期望他人与你愉悦相逢,那么就必须以欢悦的姿态和他人相会。

我曾向无数的商人发出请求:在整整一周内坚持在每一小时里向某个

人发出微笑，之后回到培训班的课堂里分享感受。结果怎样呢？让我们来看看。这里有封学员的来信，学员名叫威廉·B.斯坦哈特，是纽约的一名证券经纪人。他的经历可不是个案，颇具代表性。斯坦哈特先生写道：

我已结婚逾十八年之久。每天，从我起床到准备上班的那段时间，我一直都极少向妻子发出微笑，或是和她说上一两句话。可以说，我是那大街上最可恶的人之一。

当你要求我谈谈自己微笑的体验时，我对自己说我得坚持一个星期试试。所以，次日清早，当我梳理头发，瞧着镜子里那沉闷不乐、一脸怪相的自己时，我自语道："从今天开始，你要抹去自己脸上的怒容，可不能再让你的宝贝小甜心感到讨厌了。你要微笑，你现在就要开始微笑。"当落座吃早餐时，我面带微笑，对妻子说道："亲爱的，早上好。"

你曾提醒过我，说她听到此言时有可能会感到惊讶。嘿嘿，你低估她了。她感到迷惑，而非仅仅是惊讶；她惊呆了，因为我告诉她从今往后每个清早我都会这样做，我都会送给她微笑和问候。

在过去的两个月里，我心态的转变给我们家带来的幸福比去年同期要多得多。

当我离家前往办公室的途中，我向电梯工报以微笑，和他道了声"早上好"；我向公寓的看门人发出微笑；在地铁站的零钱找换窗口，我向地铁工作人员发出微笑；在证券交易大厅里，我第一次向人群发出微笑。

很快，我发现人人都向我回以微笑。我以欢笑的姿态接待那些前来向我投诉或发牢骚的人,我面带着微笑去倾听,结果,我发现协调工作较以往要容易得多,我发觉微笑正给我带来财富,每天都有丰厚的进账。

我和另一位证券经纪人共用一间办公室,他手下的一个小伙子很讨人喜欢。得意于自己近期的收获,我禁不住告诉了他自己对人际哲学的最新发现。小伙子坦白地告诉我:当我最初出现在办公室的时候,他认为我是个老发脾气的可怕家伙,直到最近他才改变对我的看法。他说我在微笑的时候显得非常温情脉脉。

我还停止了批评他人,取而代之的是欣赏和表扬。我不再谈论自己之所需,我试图去倾听他人的观点。而所有这一切,已经对我的人生产生革命性的变化。我已经完全变了,我变得更快乐、更富有,那是就友谊和幸福而言的富有,这是我人生的意义所在。

你不喜欢微笑?那可怎么办?请做到这两点:首先,逼迫你自己微笑。如果你是独自待着,请逼迫自己吹吹口哨或是哼哼小调,或者干脆唱出声音来吧。其次,行动的时候要让人感到你很快乐,这样,便会让你变得欢快起来。威廉·詹姆斯既是心理学家,又是哲学家,他认为:

行动似乎是跟着感觉走的,但事实上行动和感觉是紧密相连的;通过规范意志直接控制下的行为,我们可以间接地调整不受意志控制的情绪。如此,情绪的主体(人)就可以自愿地高兴起来。万一我们的欢欣消失了,我们应该警觉,应当在行动和言语的时候装出欢悦的情绪,仿佛我们早已感到了幸福的那个样子。

这世上每个人都在寻找幸福，而通往幸福的路却只有一条，那就是：控制好你的思绪。幸福并非取决于外部因素，而是内部条件。

你的财富，你的名望，你的居所，或是你的所作所为，都不是让你感到快乐或是痛苦的决定性因素。你的感觉才是决定因素。譬如说，两个人在同一个地方干着同样的工作，拿着相同的薪水，享受着同样的名望，可其中一人感到幸福快乐，而另外一人则觉得凄惨兮兮。为何？原因就在于他们各自的心理状态。在纽约、芝加哥、洛杉矶的空调环境下的办公室里，我曾见过好些很惬意的脸；但也曾目睹很多穷困的农民，在酷热难耐的热带地区使用着原始农具辛勤劳作，而他们的脸上同样洋溢着幸福。

莎士比亚说，世上本无所谓好与坏，纯属思绪使然。

亚伯拉罕·林肯也说过，大部分人的幸福皆源于他们对内心的形构。他说得对，我就目睹过一个案例。当时，我正在纽约长岛火车站拾级而上，走在我前面的是三四十个拄着拐杖的残障男孩，他们挣扎着向上攀爬阶梯，其中一人还需要别人搀扶。他们的欢笑声深深地震撼着我。我向这群男孩的负责人诉说自己的感受，他回应说："噢，是的，当一个男孩意识到自己将终身残疾的时候，起初会感到震惊，然而一旦从震惊中清醒过来，他往往会正视自己真实的命运，并会像正常男孩那样快乐起来。"

我当时有种向男孩们致敬的冲动，他们给我上了一堂人生课，这堂课我终生难忘。

在封闭的办公环境里独自忙活，不仅让人感到孤单，而且还封锁了与同事结为朋友的机会。来自墨西哥瓜达拉哈拉的学员玛利亚·冈萨雷斯太太的工作环境就是如此。她羡慕公司其他人那种甘苦与共的氛围,她时常能听到他们的欢笑声。在她上班的起初几个星期里,只要在大厅里碰到同事,她总是害羞地左顾右盼。

数周之后,她自语道:"玛利亚,你不可以期盼别人来看你,你必须走出去和他们相识。"于是,当她去到饮水机旁取水时,她以最灿烂的微笑向遇见的每一位打招呼:"嘿! 你好吗?"效果立竿见影,别人亦报以她微笑和问候;在她看来,大厅明亮多了,活儿更轻松了,而且还认识了不少同事,有的还发展成为朋友。玛利亚的工作和生活变得更加生趣盎然。

请仔细阅读以下睿智的忠告,它出自出版家和散文家阿尔伯特·哈伯德。但请谨记,细读还不够,只有付诸实践,它才可以使你得益。

> 无论你何时走向户外,请务必做到:拉紧下颏,扬起额头,让肺部最大限度地充满空气;请在阳光下畅饮;请以微笑示人;请真诚地鼓掌。不要害怕被人误解,更不要浪费时间,哪怕是浪费一分钟思索你的敌人。牢记你要做的事,不要偏离航向,而是径直朝着目标前进。心里永远装着你要完成的那些伟大而辉煌的事,当日子一天一天地消逝,你就会发现自己已经不知不觉地抓住了那些足以让你实现梦想的机遇,这就好像那些珊瑚虫,总是不断地从潮汐里吸取其所需的营养物质。请将那些你钦佩的能人铭刻在脑海里,如此,你之所思就会无时无刻地将你渐变成那个独特的能人。思维就是你的最高境界。请保持良好的心态:勇敢、坦荡、欢欣。正确的思维就是创新,一切功成名就均源于热

望,而每一次真诚的祈祷都会得到应验。请拉紧你的下颏,扬起你的额头。我们自己就是蝶蛹里的神灵。

古代中国人真是睿智,他们深谙处世之道,其中的一句谚语值得你我铭记于心:板起脸孔没生意。

微笑是你美好心愿的表达。你的微笑会点亮周遭旁人的人生。倘若某人遭遇无数的谩骂或冷嘲,你的微笑就是为他驱散乌云的太阳。尤其是当一个人饱受压力之苦——可能来自老板、顾客、老师、父母、子女——一个微笑就可以让他明白:并非一切都无可救药,这世界欢欣依旧。

数年前,考虑到圣诞促销给售货员所带来的压力,纽约的一家百货公司在其广告宣传单上写下以下朴实的人生哲学:

圣诞节时微笑的价值所在——

它不费一分一毫,却创造了许多财富。

它让看到微笑的人变得富有,却并没有让发出微笑之人变得贫穷。

微笑只是一瞬间,而带给他人的记忆却是一辈子。

不会微笑之人不可能富有,反之亦然。

它是家庭幸福的源泉,是生意场上良好关系的纽带,是结交朋友的接头暗号。

它是疲惫者的休憩所,是失意者头上的一缕阳光,是沮丧者的白昼,是世俗烦恼的解毒药。

然而,它买不到,求不来,借不起,也偷不得;它不是世间固有之物,它只有靠付出和赠予。

所以,在圣诞狂购的最后时刻,如果我们当中的一些售货员因为太过劳累而不能向你传递微笑,我们可否向你请求:留下你的微笑?

只有付出,才可以得到微笑。

原则之二:保持微笑

3

头撞南墙的起因：忘记他人的名字

1898 年，纽约罗克兰县发生过一幕惨剧：一个小孩去世了，周围邻居们忙碌着为他准备葬礼。邻居杰姆·法利到牲口棚去把马儿拴上。那天冷风飕飕，积雪遍地。由于马儿已经有好些天没有外出活动筋骨了，一旦被人牵至水槽边，它便雀跃起来，高扬起了两只后腿，结果，杰姆·法利被它踢死了。这样一来，这个村子在一周之内举办了两起丧事。

杰姆·法利身后仅留给其遗孀及三个小儿子几百美元的意外保险赔偿。

杰姆最年长的儿子也叫杰姆，年仅十岁，却不得不去砖厂打工养家糊口，具体的活儿就是将搅拌好的沙子倒进模子里，再从模子里将砖头倒出移至一边让太阳晒干。小杰姆从来就没有机会接受足够多的教育。但是，凭着天生的亲和力，他有本事让别人喜欢他，所以，成年后他开始从政。数年之后，他造就了自己一种不可思议的能力：对人名过目不忘。

他从未踏足过任何一所高中，可在他四十六岁之前，就有四所学院授予他荣誉学位，先后任民主党国家委员会主席、美国邮政署总长等职。

有一次我采访杰姆·法利，向他讨教成功的秘诀。他的回答是“勤奋工作”。“不要开玩笑,请认真作答。”我回敬他。

于是,他反问我他功成名就的秘密所在。我是这样回答的:“我知道你可以叫出上万人的名字。”

“不,你说得不准确,我能叫出五万人的名字。”杰姆纠正道。

杰姆言之不误。正是这种能力,让法利先生在1932年罗斯福的竞选阵营里帮助富兰克林·D.罗斯福成功挺进白宫。

杰姆·法利曾是一名销售代表,四处兜售石膏肥料,他亦在斯托尼波恩特市当过办公室打杂的小文员,在这种种的人生经历中,他练就了牢记他人名字的一副好本领。

起初,他的记忆方式很简单。每当遇到一位陌生人,杰姆就记下他的全名,并找到一些诸如其人家庭背景、营生及政见等信息。他将所有这些信息铭记于心,待到下次再见到该人时,哪怕时隔一年之久,他都能够在和对方握手寒暄的时候问及其家人的情况,以及其后院花园里蜀葵花的长势。

在罗斯福问鼎白宫前数月的竞选战役中,杰姆·法利每天向西部和西北部各州的民众去信数百封。接着,他展开游说之旅。在长达十九天的行程里,他走过了二十个州,共计一万二千英里。他运用了当时该有的一切交通工具:火车、汽车、小型机动车和船只。他走进市镇,在一天三餐或下午茶时分和民众促膝谈心,接着又马不停蹄地赶往下一个目的地。

一俟回到东部,杰姆便忙着给所到之城的其中一人去信,要求他帮忙将当时和自己交谈过的人员名单列出来。总清单终于出来了,名字数不胜数,可这当中的每一位都非常荣幸地收到了杰姆·法利的亲笔信。信的开首或是“亲爱的比尔”或是“亲爱的简”,而信的末尾都是“杰姆”的亲笔签名。杰姆·法利青年时期就明白这一事实:普通百姓往往更加注重他/她自己的名字,而非他人的名字。记住他人的名字并发出愉悦的呼唤,是对他人精巧而有效的夸赞。但是,如果你忘记了该人的名字,或是拼写错了该人的名字,你则将自己放在了一个极为不利的境地。我曾经在巴黎举办公共演说的课程,其间,我致函居住在这个城市里的所有美国籍居民。那些对英文知之甚少的法国打字员频频出错。一家美国大型银行驻巴黎的经理就曾在信中给予我严厉的批评,因为他的名字被拼写错了。

记住名字有时候确实挺难,尤其是一些名字发音拗口,所以许多人往往不努力去记住这些名字,而是忽略它们,或是以容易记忆的绰号代之。培训班学员锡德·莱维告诉我,他有位顾客的名字叫尼科迪默斯·帕帕多罗斯,大多数人仅称其为“尼克”。而莱维是这样做的:“给他去电话之前,我自己狠劲儿地将他的名字说了好几遍。当听到我在电话里头说出‘早上好,尼科迪默斯·帕帕多罗斯!’时,他大为惊讶,好几分钟过去了,电话那头一点儿回应都没有。最终,他抽泣道:‘莱维先生,我在这个国度待了整整十五个年头,这是我第一次听到有人准确地说出我的名字。’”

安德鲁·卡耐基成功之要诀何在?

他被誉为“钢铁大王”,可他本人对钢铁制造业却知之甚少,而他旗下的成百上千人却比他知晓得更多。

但他深谙与人和睦相处之道,而这正是他获得财富的秘诀。年轻的时候,他便热衷于行政组织事务,他天生就是做领导的料。在十岁时,他就明白了人们对自己名字所倾注的深厚感情。正是凭着这一认识,他赢得了合作的伙伴。有例为证:当他还是个小男孩,在家乡苏格兰生活的时候,他养了只小兔子，是只母兔。转眼间，母兔生出了一窝小兔子，可因为断粮而危在旦夕。不过，小安德鲁想到了一个绝妙的好主意：他告诉邻家的小伙伴们，说如果他们愿意去户外找三叶草和蒲公英喂养这些小兔子，这些小兔子就可以用他们自己的名字命名。

这个计划仿如魔法，很奏效。卡耐基对此永生难忘。

经年之后，卡耐基运用相同的心理战术为其事业赢得了百万财富。有一次，他想把自家生产的钢材出售给费城铁路公司，其时，J. 埃德加·汤姆森是该公司的老总。于是，卡耐基在匹茨堡地区建起一座大型炼钢厂，厂名为"埃德加·汤姆森钢铁厂"。

请你猜个谜：当费城铁路公司需要钢材的时候，J. 埃德加·汤姆森会上哪儿购买呢？西尔斯公司？罗比克公司？不，猜错了。你再猜猜看。

还有一次，卡耐基和乔治·普尔曼激烈争夺火车卧铺车厢的优先建造权，彼时，这位钢铁大王再次想起了饲养那些小兔子的经历。

其时，卡耐基控股的中央交通枢纽公司与普尔曼旗下的公司展开角逐。为了获得联合太平洋铁路公司的垂青，夺得卧铺车厢的建造权，双方针锋相对，造价一压再压，直至没有利润可图的地步。此时，卡耐基和普尔曼都分别去了纽约，拜访联合太平洋铁路公司的董事会成员。有一天晚上，在圣尼古拉斯大酒店，卡耐基说："晚上好，普尔曼先生，难道你不觉得我们俩这会儿是在自己要弄自己吗？"

"你这是什么意思？"普尔曼问道。

卡耐基将心中的蓝图和盘托出：合并两家公司的利益。他以兴奋的语调描绘出双方合作而非竞争将实现的双边利益。普尔曼认真听着，但还是不怎么相信卡耐基所言。末了,他问道:“那你该如何命名这家新公司呢?”卡耐基随声应道:“嘿,当然叫普尔曼宫廷车厢公司啦。”

普尔曼面露喜色道:“去我的房间,我们好好聊聊。”这一聊便给美国的制造业历史添上了浓重的一笔。

这就是安德鲁·卡耐基领导艺术的要诀之一:记住朋友和合作伙伴的名字,给予他们荣誉感。卡耐基以此为骄傲,他能够叫出工厂里大多数工人的名字;他还自夸道,只要是他本人管理过的工厂,工人从来都不罢工,炼钢炉里熊熊燃烧的火焰经久不息。

得克萨斯州商会主席本顿·洛夫认为,公司越大,人情味越淡。他说:“点燃温情的方法就是记住人们的名字。如果行政主管告诉我说他记不住员工的名字,这就等同于他在告诉我他没法记住其职责当中的关键所在,他这是在摧毁事业。”

加利福尼亚州的卡伦·科塞奇是一名空乘服务员,她养成了一个好习惯:尽可能多地记住自己所服务客舱里的乘客名字,并在为他们服务的时候叫出名字以示问候。如此一来,对她优质服务的赞誉纷至沓来,有的直接去信给她,有的则去信航空公司。有位旅客这样写道:我有好些时候没有搭乘这趟航班了,但从今开始,我只乘坐你的而非别的航班。是你让我感觉你所在的航空公司非常温情,这一点对我来说很重要。

人们往往骄傲于自己的名字,并且会不惜一切代价使之永恒。老艺人P. T. 巴纳姆虽是他那个时代最伟大的巨星,却也有其失落之痛:没有儿子愿意袭用他的名字。他只有向其孙子 C. H. 希利开出条件:如果愿意更名为“巴纳姆·希利”,就送给他两万五千美元现金。

数百年来,贵族和富豪们纷纷资助艺术家、音乐家及作家的工作,目的就是为了让其所创作的作品能够以他们的名字冠名。

图书馆和博物馆里丰厚的馆藏,应该归功于那些斥资捐助之人,他们唯恐自己的名字在茫茫人海中消失而乐于施助。纽约公共图书馆就有以阿斯特和伦诺克斯名字命名的收条,而本杰明・奥特曼和 J. P. 摩根的名字则永存于大都会博物馆内。此外,每一座富丽堂皇的教堂玻璃窗上,都蚀刻有捐赠者的名字。大部分大学校园里的建筑,也是以当时捐赠人的名字冠名。

大部分人都记不起别人的名字,其原因就是,他们不花费必要的时间和精力集中注意力反复记忆直至不可磨灭的程度。他们总是为自己找借口:太忙了。

他们再忙也忙不过富兰克林・D. 罗斯福吧,他却可以花时间记住别人的名字,甚至记住了和他有过接触的机修工的名字。

有例为证:克莱斯勒公司为罗斯福先生打造了一辆特殊的小轿车,因为他双腿瘫痪,无法驾驶普通的汽车。W. F. 张伯伦和一名机修工将汽车送进白宫。张伯伦先生曾致信给我,谈及当时的经过:

> 我教罗斯福总统使用一大堆非同寻常的装置驾驶汽车,而他则教会了我很多与人相处的艺术。一俟我抵达白宫,总统即显露出异常的兴奋,给我印象尤为深刻的是,他对我所展示的及所告知的一切都相当感兴趣。这辆车设计独特,完全可以只用双手操控。总统向围观的人群说:"我认为这棒极了。你所要做的只不过是按下按钮,车便开走了,仅是吹灰之力而已。我还认为这车太豪华了,因为我还没有弄明白是

什么玩意儿让它转动起来的。我得花点儿时间把它拆开来,看看它究竟是怎样运转起来的。”

罗斯福的朋友和同僚都对这辆车啧啧称赞。罗斯福在众人面前说道:“张伯伦先生,非常感谢你为研发这辆车而倾注的时间和精力。这是了不起的绝活。”他一一细察过水箱、特殊的后视镜、仪表、探照灯、饰材、驾驶座的设置、行李箱里特制的刻有他名字交织字母的手提箱……他赞不绝口,他明白我为此付出了大量思索和考量。他甚至提出要让这林林总总、各色各样的装置引起罗斯福夫人、帕金斯小姐、劳工部长及其秘书等人的注意。他还把白宫里的老搬运工叫到跟前,说:“乔治,你可得好好看管这两只手提箱啊。”

驾驶练习结束后,总统转过身来对我说:“哎呀,张伯伦先生,我已经让美联储董事会等了我半个小时了。看来我得回去工作了。”

去白宫时我带上了一名机修工,他并没有和总统说过话,而罗斯福也仅在相互介绍认识的时候听过他的名字。这小伙很害羞,一直都静静地待在人群后边。等到我们离去的当儿,总统却找到他,叫出他的名字,和他握手,感谢他来到华府。总统的谢言中没有丝毫的敷衍,他是衷心的、认真的,我感觉得出来。

回到纽约的数天之后,我收到罗斯福总统的照片,上面有他的亲笔签名,还有一封感谢信,他再一次表达了对我相助的感激。他是如何才能挪出时间来做这些事儿的呀!我百思不得其解。

如果在交往的半途有一个陌生人打岔进来,寒暄几分钟之后离去,我们往往记不住此人的名字。

有位政客为此总结出一个教训:能够记住选民的名字是政治家的风范,反之,则是对选民的蔑视。

记住名字的能力,不仅是商务往来及人际交往的关键,也是政治活动的纽带。

法国皇帝拿破仑三世,即拿破仑一世的侄子曾自诩说,尽管身负繁重的皇室职责,但他能记住每一位所见过之人的名字。

他的技巧何在? 很简单。如果他没能清楚地听出对方的名字,他会说:"很抱歉! 你的名字我没听清楚。"而如果名字非同一般,他会说:"你的名字该怎样拼写呢?"

和人交谈的时候,他会不厌其烦地把名字重复好几遍,试图将之与该谈话对象的五官、表情和外貌联系起来。

如果该人位居权贵,拿破仑更是竭力牢记。一旦这位至高无上的一国之君有独处的机会,他就会将权贵之人的名字写下来,聚精会神地凝视着,用心地记着,直至确认自己已经铭记于心、拼写无误之后,才会将字条撕掉。凭借着这种方法,拿破仑对每一个名字都同时得到了听觉和视觉两方面的印象。

所有这一切都颇为费时。但是,爱默生说过,良好的教养是要付出不少代价的。

记住和运用好他人的名字,并非一国之君和企业主管的专享,我们大家都可以共享。

肯·诺丁汉是印第安纳州通用汽车公司的一名工人,中午他通常在公司的自助餐厅用餐，他注意到餐厅收银台后面的那个女人总是面带不悦之色。

她已经做了近两个小时的三明治了。我凑上前去跟她说，我也要来一份三明治。她将一块火腿放在一台迷你秤上过秤，外加一片莴苣叶、一些土豆丝，然后递过来给我。

第二天，我还是排在同一条线上等待服务，我还是看到了同一个女人、同一张带有不悦之色的面容。我走过去微笑道："嘿，尤妮斯！"接着告诉她我想吃的食物。这次她忘了要过秤这回事；她给了我一大堆火腿、三片莴苣叶，还有很多的土豆丝，食物堆得在我的托盘里几乎要洒出来。

我们应当觉悟到名字所包含的魔力，并且还要意识到，这个名字完全只属于和我们交往的那一个人，而非其他人所有。该名字将具体的个人独立出来，让他/她在芸芸众生中独显其个性。当我们与赋予具体名字的个人交往时，我们所获取的信息，或是我们所提出的要求，都是举足轻重的。不管和我们打交道的是服务生，还是高级行政主管，他们的名字都意味着奇迹。

原则之三：谨记，名字是任何语言中最甜美、最响亮的声音

4

倾听，成就优秀交流者

不久前,我去参加了一个桥牌牌友的聚会。当时,我没有在玩桥牌,而当中的一位女士也没有玩桥牌。她知道洛厄尔·托马斯在进军电台事业之前,我曾担任过他的职业经理人,陪伴他漫游欧洲,协助他准备有关旅行的演说资料。这位女士说:“啊,卡耐基先生,我真想你告诉我你所去之处的所见所闻。”

一俟在沙发上落座,她便告诉我她和丈夫刚刚结束非洲之旅。“非洲呀!”我惊叹道,“那一定很精彩!我一直想去非洲走走,可却至今不能实现夙愿,仅仅有一次在阿尔及尔逗留了二十四个小时。告诉我,你去了那个遍地野味的国家吗?去了?太幸运了。真是羡煞人了。快,快,告诉我非洲的趣事儿。”

就这样,我让她不停地絮絮叨叨了四十五分钟之久。她再也没有向我打听我曾去过的地方、我见过的风土人情。其实,她并不想听我讲述游历的故事,她所想要的就是一个对她的游历感兴趣的听者;她想告诉别人她自己的所见所闻,从而达到自我陶醉的目的。

是她不正常吗?不是。大部分人的心态都和她一样。

有一次，我在由纽约出版商举办的晚宴上结识了一位著名的植物学家。此前，我从未与植物学家交谈过，所以被他的描述迷住了。我正襟危坐，听他讲述那些奇异的植物，以及为了培育新型植物和室内花卉而进行的试验，他甚至还告诉了我普普通通的马铃薯里的乾坤。我有个小小的室内花园，而他当时所教的知识已经足够让我破解难题了。

那是一次晚宴，宾客云集，可我放弃了一切该有的礼节，旁若无人地只听这位植物学家好几个小时的娓娓道来。

子夜降临，我和每一位来宾道别，准备离去。这时，这位植物学家走到主人面前，一个劲儿地赞扬我，最后还称我是“最有趣的交谈者”。

“最有趣的交谈者”？哇，我可几乎没有说过一句话呀。如果不转变话题，我是不可能插上话的，因为我对植物学和企鹅解剖一窍不通。不过，我做好了一件事：我认真倾听了，因为我真的很感兴趣，而植物学家也感受到了这一点。当然，这让他感到愉悦。这样的倾听是我们对他人最高境界的褒扬之一。杰克·伍德福德在其《陌生人之爱》一书中说道：经证实，几乎没有人会反感别人的倾心关注，倾注是一种含蓄的恭维。而我当时的表现是有过之而无不及的，那不仅是倾心的关注，更是内心的满足，以及慷慨的赞许。

我告诉他：我受益良多的同时还愉悦了心情。确实如此。我告诉他，我想得到他所拥有的知识，我也获得了。我告诉他，我想和他一起在知识的原野中徜徉，我们做到了。我还告诉他，我一定要再见到他，我果真做到了。

就这样，我让他相信了我是个优秀的谈话者；而事实上，我仅仅是一个优秀的倾听者，我一直在鼓励他说下去。

成功商务谈判的秘诀何在?哈佛大学前任校长查尔斯·W.艾略特说:成功的商务交流根本就没有任何神秘色彩……关键是专注于和你说话的那个人。这是对那人最好的恭维。

艾略特,这位故去的校长,他自己就是一位精明的倾听者。全美一流小说家亨利·詹姆斯回忆道:艾略特博士不是沉默地倾听,而是积极地回应。他挺胸端坐,双手放在大腿上,除了手指头或快或慢地相互摩擦以外,别无其他动作;他凝视着你,似乎双腿也在倾听。他细心聆听,既思索着你当下的言语,又考虑到此前你的叙述……到了访谈的末尾,你就会有这样的感觉:是他在说话。

效果不言而喻,对吧?你不必在哈佛待上四年才发现这一秘诀。假如百货公司老板租下昂贵的地方,精打细算地囤积货物,将橱窗装饰得美轮美奂,再斥资千万进行广告宣传。可到头来,所雇用的店员却不懂得倾听,只会打断顾客的话语,激怒他们,和他们对抗,那么,你我都可以想象到这样一个结局:顾客被赶跑了。

这里就有一例:芝加哥的一家百货公司,差点儿失去了一位长期光顾它们的"米饭班主",原因就是店员不愿意倾听。汉丽埃塔·道格拉斯夫人是我们芝加哥培训分部的一名学员,她在商品大减价时购买了一件大衣。回家之后她才发现,大衣的衬里有一处撕裂口。次日,她回到百货公司要求更换。售货员指着墙上的告示说:"你是以特价买的,'特价商品不予退换'。你买下来了就得接受。你自己把裂口缝一缝吧。"

"可这是破损商品呀。"道格拉斯夫人提出抗议。

"这没有任何区别。不能更换就是不能更换。"售货员急着抢白。

道格拉斯夫人发誓再也不在该店购物，怒气冲冲地正准备离去之际，公司经理看见了这一幕，她知道道格拉斯夫人是公司多年的主顾。

道格拉斯夫人将所发生的一切告诉了经理。认真倾听完整个事情经过，并对大衣进行一番细看之后，经理说："我们在季末处理货品，特价商品确实不能退换，但这一政策并不适用于破损商品。我们肯定会为你缝补或更换大衣的衬里。或者，如果你乐意的话，给你退货。"

这前后的处理是多么不同呀！如果那位经理没有碰到当时的一幕，没有倾听顾客的诉求，这家百货公司将永远失去一位长期的主顾。

倾听在家庭生活中同等重要。来自纽约哈德逊克罗顿镇的米莉·埃斯珀斯托就有同感；她总是认真倾听孩子们的叨叨絮语。一天晚上，她和儿子罗伯特在厨房里聊天。倾诉完内心的话之后，罗伯特说："妈咪，我知道你很爱我。"

米莉非常感动，说道："我非常爱你，当然！你以前有过怀疑吗？"

罗伯特答道："没有。我真的感觉到你爱我，因为无论我什么时候想和你说悄悄话，你都可以停下手中的活儿细心听我的诉说。"

即使是惯常的吹毛求疵者，甚或是言辞最为激烈的批评者，在富有耐心和同情心的听者面前，他们的内心都会被软化而变得屈从。因为，即使他们当时如眼镜蛇般倾吐狂怒的毒液，对方的沉默都可以将他们转向平静。数年前，纽约电话公司碰到了一位最难以应付的顾客。该顾客曾恶毒诅咒过一名售后服务员，并威胁要将电话线连根拔掉，拒绝支付好几笔电话费（说是电话公司算错了）。他去信报刊投诉，还给消费者委员会送去厚厚一沓投诉材料，并且已经开始向法院提请诉讼。

最后，公司派出谈判高手与这位暴风雨中的“海鸟”会面。这位麻烦处理专家认真倾听着，让这位臭脾气的顾客尽情倾吐他的长篇责骂，只是时不时地表现出严肃的同情，外加几声“是的”。

在培训班上，这位专家回忆起这段经历：

> 他一直在喷火，我听他说了差不多三个小时。这之后我再去找到他，听他继续说，前后一共四次。临近第四次会面的尾声时，我就成了他正着手创建的一个组织的创始会员，他将这一机构命名为“电话用户保护协会”。至今，我还是该协会的会员，而据我所知，除了他本人，我是至今为止唯一的会员。
>
> 在这些会谈过程中，我细心倾听，并且对他所表达的每一个观点均报以同情的表情。此前，他从未接触过像我这样对待他的售后服务人员，所以他渐渐地变得友善起来。我从来不提会见他的目的，第一次会见时没有提及，第二次、第三次、第四次都不提及。但是，在最后的第四次，我却完完整整地将案子了结了——他支付了所有欠费，而且，他自愿向消费者委员会要求撤销对电话公司的投诉。这可是他有史以来的第一次。

无疑，这位顾客先生将他自己看作神圣的十字军战士，应该讨伐冷酷无情的剥削，维护公众的权利。其实，他骨子里就是想得到一种被重视的感觉。起先，通过挑剔和抱怨，他满足了自己。而一经公司调停高手的斡旋，他自己臆想中的冤屈便烟消云散了。

数年前的一个早晨,一位顾客怒气冲天地闯进朱利安 · F. 德特默的办公室。德特默是德特默羊毛公司的创始人,其公司后来成为全球最大的羊毛批发商。

德特默告诉我:

这人欠了我们公司一小笔钱,可他不认账。我们知道是他的错,所以财务部坚持要他还款。在收到财务部数封催缴欠费的通知之后,他打点好行装就直奔我在芝加哥的办公室而来。他告诉我,他不仅不会支付欠款,而且从此再也不会购买任何德特默羊毛公司出产的东西。

我耐心地听着,中途很想插话,可转念一想,那是最不可取的方式。于是,我干脆让他说个够。待他心平气和之后,我才平缓地开腔:"谢谢你来到芝加哥告诉我所有这一切。你这是对我极大的帮助,因为如果我们的财务部激怒了你,也有可能激怒其他好主顾,这可就太糟糕了。请相信我,我非常乐意听到你的投诉,比你此前非一吐为快不可的心情还要热切。"

这是他最想听到的话语。我想他有那么一点儿失望了,因为他大老远跑到芝加哥来说事儿,而我却没有和他争执,反而是感谢他。我向他保证:那笔账从此一笔勾销,因为较之要管理千万账目的我们,他出错的可能性小得多,因为他是个细心之人,且只需掌管一个账本。

我告诉他:我完全理解他的感受;如果我处在他的境况里,毫无疑问,我的反应也会是那样。既然他说他不再购买我们的任何产品,我向他推荐了其他的一些商号。

以前，这位顾客只要来到芝加哥，我们就会一起共进午餐，所以那天我还是邀请了他。他勉强地答应了，等吃完午饭回到办公室，他却下了一个大大的订单，他以前下的订单可是小得多啊。待回到家时，他的心境已经平复、缓和；他懂得了换位思考，以一副当初我们接待他时的心态审视他自己的账单，发现是他自己犯糊涂了。于是，他给我们寄来了支票，还附上一通道歉的话。

这事不久，他家的男孩出生了，他给儿子取的名字是"德特默"。此后的二十二年间，他一直是我们公司的朋友和主顾，直至他仙逝。

几年前，一个从荷兰移民过来的可怜小男孩，放学之后就去一家面包店清洁窗户，为的是贴补家用。由于家里实在太穷，在面包店干活之前，他每天都要提着篮子在大街上捡拾从拉煤车上掉下来的煤渣。这个小男孩名叫爱德华·博克，一生顶多上过六年小学，可他最终却成就为美国新闻业中最为成功的杂志编辑之一。他是怎样获得成功的呢？说来话长，不过，他迈出的第一步还是可以在此简述一下。就是凭着本章节所提倡的处事原则，他开始了事业的起步。

离开学校时他才十三岁，在西部联盟的办公室里打杂，但他一刻都没有放弃过学习的念头。他把搭车钱节省下来，不吃午饭，等攒够了钱就去买了一本美国名人传记百科。这之后，他做了一件别人闻所未闻的事：他阅读这些名人的故事，然后一一给名人去信，询问他们童年时代的轶事。他是个优秀的倾听者，他请求这些达人给他讲述他们自己的过往。当时，詹姆斯·A. 加菲尔德将军正在竞选总统，小男孩给他去信，问他是否曾经在运河上当过纤夫，而将军就真的给他回信了。他还写信给格兰特将军，向他打听一场战争的始末，而格兰特将军呢，给他画了一幅地图，还邀约当时十四岁的小男孩一起共进晚餐，和他聊了一整晚。

很快，我们这位西部联盟的办公室勤杂员，便和这个国家的好些名人建立起了书信来往。这当中包括：拉尔夫·沃尔多·爱默生、奥利弗·温德尔·福尔摩斯、亚伯拉罕·林肯夫人、路易莎·梅·奥尔科特、谢尔曼将军，以及杰弗逊·戴维斯。他不仅和这些名人通信，而且一到放假之日，他便是这些名人家中的座上客。这样的人生经历培养了他的自信心，那是他的无价之宝。这些男男女女影响了他整个人生，开拓了他的视野，激发了他的雄心。让我重申一次：所有这一切，都只源于我们正在讨论的处事原则的运用。

伊萨克·F. 马科森是名记者，曾采访过上千人杰。他认为，大多数人没能给对方留下良好印象的原因，是他们当时没有倾听对方的诉说。“他们太注重自己想要表达的东西，却不把自己的耳朵张开……某些政要曾告诉我说，他们宁要优秀的倾听者，也不要滔滔不绝的话匣子。似乎，倾听的能力较之其他任何良好的禀赋都更令人稀罕。”

在内战最为黑暗的时刻，林肯去信给伊利诺伊州斯普林菲尔德的一位老朋友，请求他去一趟华府。信中，林肯说他有些问题要和他这位老朋友商量。老朋友来到白宫，倾听了好几个小时林肯关于签发解放奴隶命令的建设性分析。林肯一一说出支持和反对的言论，还念了好些来信和报刊文章，有些是谴责他没有废除奴隶制度，而有些则是抨击他，对他即将解放黑奴表示担忧。数个钟头之后，林肯和这位老朋友握手，互道晚安，送他回伊利诺伊。这期间，林肯只是一个劲儿地自己说，并没有向老朋友咨询一丁点儿意见和看法。“说完之后，他似乎感觉轻松多了。”老朋友说。其实，林肯并不是想听取意见，他想要的仅仅只是一个朋友，一个有同情心的听者，一个可以为他缓解压力的人。这就是人们遭遇麻烦时最想得到的东西。这也常常是恼怒的顾客、不满意的雇员，以及受伤的朋友所要得到的东西。

西格蒙·弗洛伊德是现代社会最了不起的倾听者之一。有位见过弗洛伊德的人是这样描述他的倾听方式的：他倾听时的举止太令我震撼了，我一辈子都忘不了。我在其他人身上找不到他那特有的个人素质，亦看不到他那种倾情的关注，那是一种穿透心灵深处的洞察。他的双目显得和蔼可爱，他的语调低沉而温柔。他鲜有举动，但是他对我的关注、对我所讲述之理解（哪怕是我表述得很糟糕），都是那么不同凡响。总之，你没法体会到那种被倾听的感受。如果你想知道怎样才能使得人们躲避你，在你的背后嘲笑你，甚至鄙视你，这里有个“良方”：永远不要长时间地听人说话，而是不停地自顾自地说；如果别人在说话的当儿你想到了一个主意，千万不要等到别人说完你才插话，而是要突然间打断别人，从而将自己的想法和盘托出。

你知道人们可喜欢这样的插话方式？我可是知道。而往往不幸之中令人震惊的是，某些要人就存在于这种人当中。

讨厌鬼——这就是人们对此类人等的评价：中毒颇深的突出自我者，飘飘然一味只顾及自己的感受和存在的醉汉。

那些一味只是自己说的人，往往只想到他们自己。哥伦比亚大学常务校长尼古拉斯·莫雷·巴特勒博士说：那些只想到他们自己的人，实在是素质太低，无可救药。尽管他们接受过教育，但就是无法开窍。

因此，如果你渴望成为人们心目中优秀的谈话对象，请认真地倾听对方。为了让对方感到交谈甚欢，你就必须向对方表达兴趣。请向对方提供一些他乐意回答的问题，鼓励对方说出自己的经历和成就。

请谨记：和你说话的人并非感兴趣于你个人，以及你的烦心之事，他们在意的是他们自己的感受、心愿和烦恼。牙疼对一个人来说远比在他国发生的正夺取百万人性命的饥荒重要得多；而脖子上的一个疖子较之非洲的四十余次大地震更让他揪心。下一次，当你开始与他人交谈的时候，想想这其中的道理。

原则之四：做优秀的倾听者，鼓励对方谈论他自己

5

让人兴味盎然之道：抓住对方的利益

任何一位曾经是西奥多·罗斯福座上宾的人，都会惊讶于总统的广博学识。无论所面对的客人是牛仔、驯马人、纽约政客，抑或是外交官，罗斯福都懂得谈话该从哪儿说起、该如何进行。秘密无他，只是在会见客人的前夜，罗斯福总要挑灯夜读，钻研客人最感兴趣的话题。

正如所有领导人那样，罗斯福明白，打开一个人心扉的真诚之道，就是谈论该人最为珍爱之事。

耶鲁大学教授、散文家威廉·莱昂·费尔普斯，在幼年时候就懂得了这一道理。他在《谈人性》一文中写道：

> 八岁的时候，每个周末，家人都会把我送到姑姑莉比·林斯利家，她家在胡萨托尼克的斯特拉特福德。有一天晚上，一位中年男子造访姑姑家。一阵礼节性的寒暄之后，他将注意力转向了我这儿。那会儿，我正巧对船舶感兴趣，这人便和我聊了起来，似乎他和我是同道中人。此人离去之后，我和家里人饶有兴致地评论起他来。多有趣的人呀！可我姑姑却告诉我，他是纽约城里的一名律师，对船舶压根儿没有兴

趣。“可他为啥一直在谈论船舶呢?”

“那是因为他是个绅士。他见你喜欢,他便和你谈及船舶,目的就是要让你高兴起来。他是个讨人喜欢的人。”

费尔普斯在文中还有这样一句话:姑姑对此人的评说让我一辈子都忘不了。

执笔至本章节时,我的案前放着一封爱德华·L.查利夫的来信。查利夫对童子军的事务非常热心。他在信中说:

有一天,我感到需要得到别人的赞助,因为童子军大会要在欧洲召开,我想请求美国某个大财团的主席赞助童子军里其中一名男孩的旅费。庆幸的是,在我和这位主席会面之前,我听说他开出过一张一百万美元的支票,并且在支票作废之后,他差人把它框了起来。

所以,我迈进他的办公室的第一件事就是,请求他把支票拿过来给我看看。一张面值一百万美元的支票呀!我告诉他说,我从来没有听说还有谁开出过这个数目的支票。我还告诉他,我要向孩子们讲述我看到的这一张面值一百万美元的支票。他高高兴兴地向我展示了这张支票。欣赏过后,我向他询问支票开出的来龙去脉。

你注意到了吧?查利夫先生一开始并没有提到童子军,也没有提到即将要在欧洲召开的童子军大会,更没有说起他拜访的目的。他的开场白是这位主席感兴趣的话题。其结果怎样呢?

不一会儿,我拜见的人开腔了:“噢,你来见我是为了什么事?”于是,我将心愿一一道来。

让我大为惊讶的是,他不仅马上答应了我的请求,还给出了多得多的赞助。我只要求他赞助一个男孩去欧洲,可他愿意资助五个男孩,外加我本人。他给我一张一千美元的信用证,要我们在欧洲待上七个星期。他还为我们给欧洲分部的总裁去信,要求他们为我们的欧洲之旅提供协助。那期间,他亲自飞到巴黎和我们见面,带我们四处游逛。这以后,他应一些男孩父母的要求,为孩子们提供工作机会。至今,他一直都在积极参与我们的集体活动。

假如,事先我没有了解到这位主席的兴趣所在;假如,一见面我就直奔主题,我想我的拜访不可能达到事半功倍的效果。

这不就是弥足珍贵的交际技巧吗?不是吗?让我们再来看看另一个案例。案例的主角是亨利·G.迪韦努瓦,他在纽约经营面包批发。

迪韦努瓦先生曾试过向纽约的一家酒店兜售面包,但生意一直没有做成。四年了,他每周都去拜访一次酒店经理。经理去哪儿参加社交聚会,他亦去哪儿聚会。甚至,他就在酒店开房住下,为的就是想和酒店做成面包生意。可就是徒劳。

以下是迪韦努瓦先生讲述的事情解决经过:

我对人际关系钻研了一番。之后,我决心改变策略。我决定要了解到此人的兴趣点，我一定要知道此人的热情燃点在哪里。

我发现他是“美国酒店接待者”的会员，该组织是专为酒店高管人员而设的社团。他不单只是成员，而且凭着热情和良好的口才，还当选为社团主席——不仅是美国的，还是国际的。只要是社团的大会，无论在哪儿召开，他必定到场。

发现秘密的第二天，一见到他，我便开始说起“接待者”组织。嘿，我得到的反响有多大啊！多大的反响啊！他足足和我说了半个小时，抑扬顿挫的语调里透射出热情。我可以这么说，这个社团不仅仅是他的至爱，而且还是他整个人生的激情所在。离开他办公室之前，他已经向我“售出”了一张会员资格证。

这期间，我对面包的事只字未提。可是，几天之后，酒店工作人员给我来电话了，说是要我把面包样品和价目单送过去。

“我真不明白你究竟和这个老顽童说了些啥，不过，这回他确实是买你的账了。”酒店工作人员和我见面时这样说道。

想想吧！四年了，我一直在这个人身边敲边鼓，为的就是要和他做成面包生意。如果我没有挖掘出他的兴趣所在，如果我弄不明白他乐意谈论的话题是什么，那我的边鼓还是要一直敲下去。

学员爱德华·E.哈里曼来自马里兰的黑格斯敦。服完兵役后，他选择在马里兰州美丽的坎伯兰山谷生活。不巧的是，那会儿，当地的工作机会甚少。一次小小的调查让哈里曼先生发现，有一个商贾奇人，该地区的大量商号要么归其所有，要么被其操控。此人名为R.J.芬克豪泽，他的发迹史启发了哈里曼先生。人人都知道，要想从这位商人手里谋得一职并非易事。哈里曼先生在信中告诉我：

> 我向很多人打听他的情况，得知权力和金钱是他的动力所在。他身边有一名作风强硬的女秘书，对他唯命是从，往往将类似像我这等杂人拒之门外。在了解了女秘书的习性和人生目标之后，我在没有预约的情形下便闯进了她的办公室。她已经为芬克豪泽先生效力十五个年头了，可以说，她是环绕他人生轨迹的一个卫星。我告诉她我有一个计划，可以为芬克豪泽先生在财富和政治方面取得双赢，她变得激动起来。我还告诉她，在她老板迈向成功的过程中，她应该参与其中。就这样，她安排我和芬克豪泽先生见面了。
>
> 我走进他那宽敞、华丽的办公室，但只字不提谋求职务一事。他坐在一张巨大的蚀刻雕花书桌后面，和我打招呼的声音如同响雷："年轻人，是怎么一回事儿？"我答道："芬克豪泽先生，我相信我自己能够为你赚到金钱。"一听此言，他立马从座位上站起，引我坐到一把装有套垫的大背椅上。我将赚钱计划一一道出，还介绍了我自己的个人素质，以及助他成就事业辉煌的方式方法。
>
> 渐渐地，他对我有了深入的认识。不久，我便在他那儿成功谋得一职。这二十多年来，我和他的企业一起成长，我和他双方都收获丰厚。

谈论对方的兴趣、利益之所在，其结果是双赢的。霍华德·Z.赫齐格作为雇员沟通方面的佼佼者，他长期都遵循这一原则。当人们问及其中的收益时，他回答说，他不仅从每一个交流对象中得到了不同的回报，而且从整体来看，每一次的沟通和交流都是对他人生的充实。

原则之五：谈论对方的利益和兴趣之所在

6

让别人对你“一见倾心”

在纽约第八大道、三十三号街的邮局里，我正排队寄挂号信。我注意到，柜台后面的职员对手头的工作露出厌烦之色：给信件过秤、递邮票给顾客、找零、填发收据——年复一年、日复一日的营生。见此情景，我自言自语道：“我得试试将这个职员的心态改变过来，我要让他变得像我一样快乐。当然，要让他快乐起来，我就得说些好听的话，不是说关于我自己的，而是关于他的。”我在心里头问自己：我可以发自心底、心悦诚服地佩服他些什么呢？有时候，这可是个难以回答的问题，尤其是当面对一个陌生人的时候。不过，当天的情形有所不同，很快我就找到了问题的答案。

在他忙着为我的信件过秤时，我对他说：“我可真想有一头像你那样的头发。”我的话语间洋溢着热情。

他抬起头来，脸上渐渐地露出了微笑，谦逊地回答我：“噢，还是没有以前的漂亮。”我一再强调，并让他相信他的头发还是那么耀眼，尽管质地较以前差了些。他一下子高兴了起来，和我聊了好一阵子，道别前他说的最后一句话是：“很多人都羡慕我的头发。”

我敢打赌，那天这位职员走出去吃午餐时的脚步一定是轻快的；我敢打赌，那天晚上回到家他一定会和妻子说起这事。我相信他一定会在镜子前自语："这头发好漂亮。"

我曾在一个公开场合向人们讲述过这件事，而随后就有人问我："你从他那里想要得到什么呢？"

我想要从他那儿得到什么！！！我想要从他那儿得到什么！！！

如果，我们令人鄙夷地自私自利；如果，我们不能够在不考虑回报的心态下给予对方丝微的幸福感，传递丁点儿真诚的欣赏；如果，我们的心胸比那酸苹果的核还要狭小，我们定将头撞南墙。那是活该！

噢，对了，我确实想从小伙子那儿得到一些东西，那是一些无价之宝。而我也得到了：我感觉自己为他做事了，而且不贪求他的任何回报。那是我记忆深处流淌着的歌谣，虽经岁月蹉跎，但历久弥新。

人际交往中有一条黄金原则。如果我们遵守这一原则，麻烦就永远不会找上我们。事实上，遵守这一原则，将会给我们带来数不胜数的朋友，以及恒久的快乐。但是，一旦我们违背了这一原则，我们就会陷入永无休止的麻烦旋涡之中。这个原则就是：**永远让对方感到他自己受到重视**。约翰·杜威说过，渴望受到重视，是人性中最为深远的追求。威廉·詹姆斯也说过，人性最为深刻的目标就是获得尊重。而我亦在前文中指出，正是这种渴望推进了人类的文明和进步。

几千年以来，哲人们一直都在思考、探寻着人际关系的宝典，而在这些形形色色的金科玉律当中，有一条戒律是至为关键的。这条戒律自古有之，并非新近的创造。两千五百年前，琐罗亚斯德在波斯将此戒律教给了他的追随者。两千四百年前，孔老夫子将此戒律广播于中原大地；道家祖师爷老子,也在深幽的山谷里将此戒律教给其弟子。公元前5世纪,佛教徒们在神圣的恒河岸边对此戒律进行讲道;而距此一千年前,印度教教义里就对此有了明文规定。一千九百年前,耶稣也在乱石嶙峋的朱迪亚山丘上总结出这一戒律的中心思想:**若想他人怎样对待你,你就得那样对待他**。这是人际关系制胜的宝典。

你想要得到对方的赞许,你想自身的价值获得认可,你想在自己人生的小世界里得到重视……你不愿听到低贱、虚情假意的溜须拍马,你渴望真挚的褒奖。正如查尔斯·施瓦布所言,你渴望得到朋友们及同事们"真心的认可和慷慨的赞美"。我们所有人都渴望这样。

让我们都来遵循这一金科玉律吧:**若想他人怎样对待你,你就得那样对待他。**

怎样做?何时这样做?何地这样做?答案是:无论何时,无论何地,永远。

学员戴维·G.史密斯来自威斯康星州的欧克莱尔,他在培训班上向我们讲述了一次募捐音乐会上他处理一个小状况的经过。那天晚上,他的任务是负责看管小食摊。

> 音乐会的当晚,当我来到公园的时候,发现小食摊旁站着两位上了年纪的老妇人,看上去两个人的情绪都不怎么好,或者各自都认为该是自己而不是对方看守这个食摊。我站在那正思索着该怎么办才好,赞助商中的一名职员走过来,递给我一只钱箱,把跟前的那两位老人露丝和简介绍给我认识,要她俩当我的帮手。谢过我们之后,赞助商便走

开了。

紧接着是一阵沉默。想到这钱箱是某种权威的象征,我将它交给露丝,告诉她我不可以直接看管钱,最好是由她来负责。然后,我建议简去教教那两个小孩子怎样使用冷饮机,并且交代由她和孩子们负责这一摊工作。

那天晚上,每个人都过得挺欢悦的,因为露丝在不停地数钱,简则在督促着孩子们干活,而我呢,则优哉游哉地欣赏音乐。

你没有必要等到成为驻法国大使,或是业主委员会主席时,才运用这一赞许他人的原则。你几乎每天都可以运用这一原则来创造奇迹。

例如,假如我们点的是炸薯条,可侍应生送过来的是土豆泥,我们就可以这么说:“对不起,还得麻烦你一下,我们要的是炸薯条。”而侍应生呢,他可能会回答说“没问题”,然后便高高兴兴地将食物换过来。其中的原因是,我们对他表示了尊重。

一句短短的“对不起,麻烦你了!”“你可以……吗?”“你乐意吗?”“你介意吗?”“谢谢你!”……这些温情的礼貌用语,就像是我们为周而复始的日常生活磨盘添上了润滑剂,久而久之,它们就会成为我们良好教养的重要标志。

成千上万的人读过霍尔·凯恩的小说,其力作《基督信徒》是20世纪初期最为畅销的小说之一。然而,他一生的学历加起来充其量也就八年。他是一个铁匠的儿子,然而他的文学造诣世人瞩目。

霍尔·凯恩是这样成长起来的:他酷爱十四行诗和民谣,读过所有丹特·加布里埃尔·罗塞蒂的诗篇,他还给罗塞蒂去信,盛赞其艺术造诣。罗塞蒂很是赏识他。"能够以这样的高度点评我写作能力的年轻人,一定很了不起。"于是,罗塞蒂邀请这位铁匠的儿子前去伦敦给他当秘书。这是霍尔·凯恩人生的转折点,这个新职位让他结识了许多当代的文人雅士。受益于他们的忠告,同时也得到他们的鼓舞,凯恩在文学事业上扬帆启航,最终,他的名字载入耀眼的明星史册。

由于凯恩的成就,他的故乡,位于曼岛上的格利巴古堡成为全球旅游者朝圣之地,而他的故居亦升值至好几百万美元。可有谁会想象得到他有如此辉煌的人生呢?如果当初他没有给著名作家去信,表达他自己的仰慕之情,他有可能就是贫困潦倒、无为一生。

这就是发自内心诚挚赞美他人所迸发的威力,惊人的威力。

罗塞蒂认为自己举足轻重,这并不奇怪,因为几乎每个人都会认为自己非同小可,不可被忽视。

大多数人的一生不可能主动改观,除非他们认为自己很了不起。工艺学教师罗纳德·J.罗兰是我们在加利福尼亚州分部的培训课程导师。他向我们讲述了他的学生克里斯在其接触工艺学课程时的经历:

> 克里斯很是沉静、害羞、缺乏自信,且注意力总是没法集中。他不是快班的学生。快班的学生接受能力强,且往往给其他同学一种享有特权的感觉和身份的象征。
>
> 一个星期三,克里斯正在伏案埋头做作业。见此情景,我深切地意识到,深埋在这十四岁小男孩内心的求知欲,于是我问他是否愿意加入

快班的行列。我无法知道克里斯当时的内心活动,但见他那激动的泪水几乎夺眶而出,脸涨得通红。

“你是说我吗,罗兰先生?我够资格吗?”

“是的,克里斯,你够格去快班了。”

说完我便走开了,因为我也快要掉眼泪了。

自从那天克里斯从教室里走出来之后,似乎他比以前长高了两英寸。他那双蓝色的明眸直视着我,言语中透出阳光和自信。“谢谢你,罗兰先生。”

克里斯让我领悟到一个道理:人人内心都深藏着一股对自我价值的渴望。这个道理我一生难忘。为了让自己时刻记住这一点,我做了一个条幅,上书:“你很重要”,将之悬挂于教室的正面墙上。我让每个孩子都可以看到这个条幅,同时,它也提醒我要把重心均衡地倾注在每一个学生身上。

一个铁的事实是:你所接触到的几乎所有人,都会认为自己在某些方面比你优越。而一个万全的做法是:你要在不经意间让他们感觉到,你对他们重要性的认同,发自内心的认同。

请记住爱默生之言:我所接触过的每一个人,在某个方面都是我学习的榜样。

而往往可悲的是,人总是对自己鲜有正确的判断,总是自视过高,通过沸沸扬扬的自负表现来支撑脆弱的自我,这种表演真是令人作呕。正如莎士比亚所言:人呀,骄傲的人呀/假以那么点儿权威的外衣……在上天的面前狂热地玩弄着鬼把戏/天使们在哭泣。

在此,让我向你汇报一下,一些人如何运用培训课程中所学到的处事原则而获得巨大的收益。康涅狄格州一名律师的意外收获就是其中一例。(出于其亲戚的考虑,他不愿公开姓名。)

参加培训班没有多久,这位律师先生及其妻子驱车前往长岛拜访妻子的亲戚。妻子将他介绍给一位年长的婶婶之后,便径自去找年少的亲戚聊天去了。想到自己马上要就赞扬这一待人处事的原则在培训班里发言,律师决定通过和这位年迈女士的交谈获取一些有价值的经验。环顾这房子的四周之后,他决定从这个主题开始:真心实意地夸赞这所房子。

"这房子大约是在1890年建造的,对吧?"

"是呀,正是那一年。"老人家答道。

"这让我想起我刚来到人世时住过的房子。很漂亮,结构、布局很合理,空间宽敞。你知道吧,现今再也没有人这样建房子了。"

"你说对了,"老人家应和着,"现在的年轻人根本不关心怎样经营好他们自己的家。他们就知道住狭小的公寓,一天到晚开着车瞎逛。"

"这房子可是我们梦想的体现,"老人家沉浸在温馨的回忆之中,语调显得激动,"这房子是爱的结晶。建造之前,我丈夫和我一道构思了好几年。我们没有请建筑师设计,所有的一切规划都出自我们俩之手。"

老人家带着律师逐一参观各个房间和角落,还给他看那些自己珍爱了一辈子的旅游纪念品:华丽的披肩、古老的美国茶具、驰名全世界的英国威格伍德瓷器、法国大床和座椅、意大利油画,以及曾经悬挂在一座法国庄园里的布帘。

之后，老人家把他带到屋子外面的车库。在那儿，一辆帕卡德轿车被吊起悬在半空，车身锃亮如新。

“这辆车是我丈夫过世前不久给我买下的。自打他走后，我再也没有开过……你懂得欣赏，这辆车我就送给你了。”

“噢，婶婶，你可把我吓蒙了。当然，你慷慨的情谊我心领了，可我不能接受你的赠予。可以说，我甚至和你没有一丁点儿血缘关系。我已经有自己的新车了，你应该将爱车赠给你的那么多亲人。”

“亲人！”老人家一声大嚷，“是的，我有亲人，他们在等着看我死去，那样他们就可以得到那辆车。他们休想！”

“如果你不想送给他们，你也可以将车轻易地出售给二手车经销商呀。”律师告诉老妇人。

“卖了它?!”老人家这次是大叫，“你认为我会卖掉这辆车吗？你认为我可以容忍陌生人驾驶着这辆车在大街上晃悠吗？那可是我丈夫送给我的呀！我不会卖掉它的，我要把它送给你，因为你懂得欣赏。”

律师一再表示不能接受赠予，可是没有办法做到，因为那样会伤了老人家的心。

这位孤零零一个人住在豪宅里的老妇人，只不过是渴望得到一点点别人的认同和赞美罢了。她拥有华丽的披肩、法国的古董，以及美好的回忆。她曾经拥有青春、美丽的外表，不乏追求者。房子是她温暖、爱情的记忆，是她欧洲游历纪念品的收藏之所。现如今，在这形单影只的年迈岁月里，老人只是渴求一点点温情，些许真诚的赞美。可是，在律师和她聊天之前，她没能得到丝毫的满足。一旦她从律师诚挚的言语中感受到了认同，这就好比是沙漠中的一片绿洲，她的感激之情无以言表，她只能以自己心爱的帕卡德轿车相赠。

这儿还有一个类似的事例。唐纳德·M. 麦克马洪是纽约路易斯瓦伦丁建筑公司的负责人。他向我们说起了他自己的经历：

那是我参加完"如何赢得朋友和影响他人"的讨论会后不久。当时，我正为一著名法律界人士的房屋做园林绿化，他走了过来，告诉我想在屋子的一角大量种植杜鹃。

"法官，你的嗜好可真不赖啊，"听罢他的要求，我这样接茬，"我可真是喜欢你那些漂亮的狗。我还得知你的狗在麦迪逊广场花园的比赛中每年都拿了不少奖呢。"

这小小的夸赞所引发的效果可真让人吃惊。

"是呀，"法官回应道，"我和我的狗之间真是其乐融融，来看看狗的安乐窝吧。"

他领着我看他的狗，还有狗获得的奖状、奖品，这几乎占用了他一个小时。他还抱出那些纯种狗，向我讲解它们那纯正血统所体现出来的姣好外表和优良智商。

他转过身来，突然问道："你家有小孩子吗？"

"我有个儿子。"我答道。

"那，他该喜欢小狗吧？"

"当然，他喜欢粉嫩粉嫩的小狗崽儿。"

"那好，我送他一只。"法官宣告道。

接着，他教我怎样养狗崽儿。停顿了一会儿，他说："光是听，你是记不住的，我还是写下来给你吧。"于是，法官走进屋子，在打字机上敲出喂养指南，交给我。就这样，他送给了我一只价值数百美元的纯种狗，还占用了他一小时十五分钟的宝贵时间，仅仅出于我对他嗜好及成就的真心赞赏。

乔治·伊士曼因发明了透明胶片而成就了移动影像的电影制作。由他创立的柯达公司盈利上亿美元，他因此跻身世界富豪的行列。尽管他的成就辉煌，但他也和你我这般常人一样渴望认同。以下事实足以说明这一点。

时任纽约高级座椅公司总裁的詹姆斯·亚当森，得知伊士曼正在罗彻斯特建造伊士曼音乐学院和基尔波恩音乐大厅，他想和伊士曼做成一笔买卖：由他的公司提供和安装座椅。于是，他致电有关的建筑师，约请伊士曼先生在罗彻斯特见面。

见过亚当森，建筑师告诫他："我知道你想得到这个订单，不过，我这会儿就可以告诉你，若占用乔治·伊士曼的时间超过五分钟，你的订单就见鬼去吧。他处事严格，纪律严明。他很忙，所以你有话快说，说完就走人。"

亚当森做好了充足的心理准备。

乍一进屋，亚当森就看见伊士曼先生正埋头处理书桌上的一大堆文件。不一会儿，伊士曼先生抬起头来，摘下眼镜，走向建筑师及亚当森身边，说道："先生们，早上好。我能为你们做些什么呢？"

经由建筑师介绍之后，亚当森先生开腔了："刚才在等候你会面的时候，我一直在欣赏你的办公室。我本人很喜欢在一个像你这样的办公环境里工作。我干室内木工装修这一行很久了,你的办公室是我至今所见过的最美观的。"

乔治·伊士曼答道:"你提醒了我,我几乎忘记欣赏这里的美景了。这儿挺漂亮的,对吧。刚刚建好的时候,我感觉这儿好棒,可事务缠身之后,有时候好几个星期我都不过来看上一眼。"

亚当森走至一个案板边,十指在上面摩擦一阵之后说道:"这是英国的橡木,对吧?质地与意大利橡木有点儿不同。"

"是的。是英国进口的。是一个专事优质木材鉴定的朋友帮我选购的。"伊士曼答道。

伊士曼指着房间的四周向亚当森一一点评自己曾经参与的设计和规划:家具、色彩及手工。

两人聊着、欣赏着,当走到了一扇窗边的时候,伊士曼停了下来,语调柔和、谦恭地细数起由自己资助而建立起来的各类机构:罗彻斯特大学、中央医院、流浪者之家、儿童医院等。亚当森盛赞他捐资惠泽困苦大众的义举。不一会儿,伊士曼打开一个玻璃柜,从中取出一个他平生拥有的第一台照相机,那是他向发明此机的一位美国人购得的。

亚当森向伊士曼询问了不少他早年艰苦创业的问题,伊士曼深情地忆起他那困苦的童年:父亲辞世后,母亲靠着出租房舍艰难度日,自己则在一家保险公司办公室跑腿、干杂役。对贫困的恐惧就像幽魂似的日夜纠缠着他,所以,他下定决心一定要多赚钱,不要母亲再去操劳。接着,亚当森又问起他有关干燥成像技术实验的事。伊士曼描述了当时自己的拼命过程:整天待在实验室里，有时得通宵进行试验，只能趁化学测试进行的间隙小睡一会儿；有一次，不眠不休地连续干了七十二个小时。

亚当森走进伊士曼办公室时是十点十五分，其时他被警告会谈不得超过五分钟，可一个小时过去了，又一个小时过去了，这会儿他俩还是交谈甚欢。

谈话进入尾声，伊士曼告诉亚当森：“最后一次去日本时我买了些椅子，放置在家里阳台上。由于太阳的暴晒，椅子上的油漆剥落了，所以有天我去镇上买来油漆，自己动手把椅子的表面补好。想看看我的手艺吗？上我家去吃午饭吧，到时我给你瞧一瞧。”

午饭之后，伊士曼让亚当森“检视”他的手艺。其实，那些椅子就值几美元，不过在千万富翁伊士曼眼里却身价不菲，因为椅子表面的油漆是他自己亲手修复的，他为此而骄傲、自豪。

音乐厅座椅造价高达九万美元。你猜猜谁可以拿到这个订单？詹姆斯·亚当森？还是他的竞争对手？

当然是亚当森。自此，亚当森成了伊士曼先生今生至死不渝的好朋友。

克劳德·马雷是法国鲁昂一家餐馆的老板。他运用“赞赏”这一处事原则成功挽留下一名核心员工。该名女性员工当时已经在餐馆工作了五年，是介于马雷先生与其他二十名员工之间的关键纽带。当收到该名员工的辞职信时，马雷先生相当震惊。他告诉我：

> 我很惊讶，甚至可以说是失落，因为我一直认为自己公平对待她，能够满足她的需求。或许，我不仅把她以员工对待，还理所当然地把她

当成了朋友,因此较其他员工对她的要求也高一些。

诚然,我不可能在没有得到任何解释的情况下接受她的辞职。我把她拉到一边,说道:“波莱特,你知道我是不会批准你辞职的,于我、于公司,你都很重要,并且,就像公司经营成功与否和我有关一样,也和你有关。”我在全体员工面前也重复了这番话,之后还邀请她到我家;当着家人的面,我重申对她有信心,可以在餐馆干好。

波莱特最终收回了辞职信。现在,我完全信任她,这种信任从来没有过。我常常通过赞赏的表现强调我对她的信任,让她知道她在我心目中、在公司运营中的重要性。

大英帝国曾经的人杰之一迪斯累里说过,与人交谈时,记住谈论对方感兴趣的事,那样,他们就会倾听上好几个小时。

原则之六:真心实意地让对方感觉受到重视

小 结

原则之一:真诚地关心他人

原则之二:保持微笑

原则之三:谨记,名字是任何语言中最甜美、最响亮的声音

原则之四:做优秀的倾听者,鼓励对方谈论他自己

原则之五:谈论对方的利益和兴趣之所在

原则之六:真心实意地让对方感觉受到重视

第三章

如何让他人认同你的想法

1

辩论无法决出输赢

第二次世界大战刚结束不久,有一天晚上在伦敦,我得到一个教训,这教训弥足珍贵。当时,我是罗斯爵士的助手。在战争期间,罗斯爵士就是巴勒斯坦地区最为杰出的澳大利亚人。时局一经平定,罗斯爵士便干了件举世瞩目的事:在三十天时间里环绕飞行了半个地球。此前没有其他人成功尝试过,因而世人哗然。澳大利亚政府奖给他五万美元,英国王室则授予他爵士称号。好长一段时间里,他都是英国臣民茶余饭后的谈资。有一天晚上,我参加了一场专为他而设的宴席,邻座的一位男士给我说了段笑话,末了还引用了这样一句名言:上帝决定我们未来的结局。

这位男士说这句名言出自《圣经》。他错了。我百分之百知道它的出处。出于显示自己过人的学问,以及期望受到关注的心态,我主动向他指出错误。当然,我成了不受欢迎、令人讨厌之人;他极力反驳:什么? 出自莎士比亚? 不可能! 这太荒唐了! 千真万确,是出自《圣经》。

这位男士坐在我的右侧,我的左侧则是我的老朋友弗兰克·甘蒙德。后者致力于莎士比亚的研究已多年,我们俩都把这一问题的答案交给他。甘蒙德先生一边听着,一边在桌子底下用脚踢我,说道:"戴尔,你错了。这位先生说得对,《圣经》里有讲过这句话。”

当晚在回家的路上,我对甘蒙德先生说:“弗兰克,你知道那句话是莎士比亚说的呀。”

“是的,确实,”他答道,“出自《王子复仇记》,第五场,第二幕。可当时我们是客人呀,我亲爱的戴尔。为什么要指出、证实别人的错误呢?你是想要他成为像你这样博学的人吗?为什么不给他留点儿面子?他并没有向你讨要建议呀。他并不需要意见,可为什么还要和他争执?请永远记住:不要碰钉子。”甘蒙德先生给我上了一课,这一课我终生难忘。当时,我不仅让讲幽默故事的邻座难堪,而且也让我的朋友处境尴尬。如果我没有与人争论,当时的气氛该有多么融洽!

这次教训非常及时,因为那之前我一直是个铁杆的好斗分子。年轻的时候,我总是和自己的弟兄争执世间万物。而进入大学学习期间,我主修逻辑和辩论课程,热衷于辩论对抗赛。因为我的出生地是密苏里,只要人们一谈及此地,我便要证实一番自己的原籍。我在纽约教过辩论课程,我曾计划就此主题著书立说。(真是不知羞耻!)

打那次宴席辩论之后,我听过、参与过、也观摩过数千次辩论,我的结论是:天底下只有一种方法可以赢取辩论的胜利,那就是不要辩论;避开它,就像是躲避响尾蛇和地震那样避开它。

一次辩论的结束,十次有九次,双方最终都会比辩论之前更加确信:唯有自己是完全正确的。

你无法赢下一场辩论。这是因为:你输了就是输了,你赢了也是输了。好吧,就算你赢了对方,把他的辩词戳得千疮百孔,证实他是个精神不正常的疯子,那又怎样?是的,你的感觉会好极了。那么,他呢?你伤了他的自尊,他感觉低你一等,他会憎恨你。请谨记:人们往往固执己见,哪怕他的观点已经被证实是错误的、不可取的。

帕特里克·J.奥海尔曾是我们培训班的学员。他没上过几天学,吵架斗殴是他的家常便饭。他当过职业司机,也卖过重卡,因为一事无成,所以找到我为他指点迷津。一番询问之后,我得知他总是和顾客吵架,因而后者总是和他处于敌对的状态。只要对方对他销售的重卡有任何的吹毛求疵,他便会脸红脖子粗地大吵大闹。他往往会很"争胜",他告诉我说:"那会儿,我往往一边走出某人办公室,一边说'我要教训教训这鸟人'。当然,我教训了他,不过车是卖不成了。"

我首要的任务不是教帕特里克怎样说话,我的当务之急是教会他控制住自己不说话、不吵架。

经过培训之后,奥海尔先生成为纽约怀特汽车公司的明星销售员之一。他成功的秘诀何在?以下是他的叙述:

> 现在,如果我走进客户办公室听到这样的话:"什么呀?怀特公司的重卡?一无是处!就算你送给我,我都不会要。我要买某某品牌的卡车。"那么我会这样回答:"某某牌的卡车确实不错。买这车是明智的选择,因为这家汽车公司很不错,营销人员更是不赖。"
>
> 这样,对方就无言以对了,因为我没有留下让他辩驳的空间。他说某某牌汽车很棒,我也说很棒,他也就无话可说,只有停下来了。他总不能在我认同他的价值观的情况下,整个下午一直赞美"某某牌汽车

是最棒的"吧？我们不会再把话题集中在某某牌汽车上，这样我便有机会开始细说怀特汽车的优点了。

有时候碰到类似横挑鼻子、竖挑眼的主儿，我真的会被呛得七窍生烟，我会开始应战。结果是，我越说某个牌子汽车的不是，对方越是起劲地反驳我，从而也就导致他更加喜欢那款竞争厂家的汽车。

回想过去，我现在明白了自己为啥当时没有卖出任何一辆汽车，我把大好时机都浪费在吵架、辩驳上了。现在，我能够保持冷静，不再争辩。这是用钱买来的教训。

睿智的本杰明·富兰克林常说：辩驳有时候是可以让你赢得胜利，但这样的胜利往往是虚无的，因为你得不到对方的好感。所以，好好为你自己着想吧：你到底是要赢得一次戏剧性的所谓学术辩论的胜利，还是要赢得对方的好感？在大多数情况下，你是不可两者兼得的。

《波士顿书摘》上曾刊出这样一首打油诗：

此处长眠的只是威廉·杰伊，
他死了，但他把正确的举止做派留给了世人，
没错，他过往一切都正确，正如他的死亡，
可是，他死了，他所做的一切也死了，都错了。

或许，你是对的，完完全全是对的，因为你可以滔滔不绝地辩驳。可是，从别人的角度来看，你或许一无是处，是彻底废物一个。

弗雷德里克·S.帕森斯是个人所得税缴税顾问,有一次,他和政府税务检察官争执了足足一个小时。帕森斯先生认为,那笔九千美元的金额实际上是个呆账,从来都没有收回,所以也就不需要缴税。“呆账?在我看来必须缴税。”检察官驳斥道。

帕森斯先生在培训班里告诉我们:

> 这位检察官很是冷酷、高傲、顽固。事实和理由明摆着……我们争执越久,他就显得越加顽固。所以,我决定不争了;我改变话题,还不时对他表示赞赏。
>
> 我这样说:“较之你要处理的重要事务,以及难以做出的决定,这件事对你来说就不足挂齿了。我虽曾钻研过税务制度,但在这方面缺乏实际的操练。而你呢,你的知识源自活生生的经验。有时候,我想我要是能够拥有一份像你这样的工作该有多棒,那样的话,我就受益匪浅了。”这番话是我的肺腑之言。
>
> “哦?”检察官从椅子里直起脖子,身体向后一仰,絮叨起他的工作来。他说了好长一段时间,还谈到了那些他当时没能察觉的诡计。他的语调渐渐变得友善起来,还和我说起了孩子。离别之际,他告诉我他会深入调查我的个案,并许诺会在几天之内给我答复。
>
> 三天之后,他来到我的办公室,告知我他决定将拨出去的税款分毫不差地归回到原来的账目里。

这位税务检察官的表现说明了我们人类一个共同的弱点:他想得到他

人的重视。帕森斯先生和他争执时,他通过"权威的"大声辩驳,得到了一种受到重视的满足感。一旦得到了这种感觉,同时在争执也停顿下来的情况下,他的自我便得到扩张,他便变得温情脉脉、人情味十足。

佛说:"憎恨了断不了憎恨,唯有爱才可以了断。"因而,争执永远不可能终结误会。终结误会的唯一途径是策略地协商,以及诚挚地换位思考。

有一次,林肯严厉训斥一位年轻的军官,因为后者和同事大动干戈。林肯说:"置身于事业之中的人,根本挤不出时间去争吵,也根本没法担当起争吵的后果:脾性的恶变和自我的失控。世间天大之事,莫过于平等权利;世间万物,别人看得和你一样清楚。与狗争道时最好给它让路,免得被它咬;就算是宰了它,也治愈不了它咬你的那块伤疤。"

《琐碎之事》一书中有篇文章给出一些建议,教给人们在存在意见分歧时防止争执的方法:

> 欢迎逆己之见。谨记:只要双方意见一致,对立的任何一方都没有了存在的必要。如果你碰到一个此前从未想到过的观点,请对此思忖再三。或许,它给了你在犯下严重错误之前修正的机会。
>
> 请不要相信你的第一直觉。在一个不那么令人愉悦的环境里,我们人类的本能反应就是抵触。小心!保持冷静,留意你的第一反应,它有可能让你处于最糟糕而非最佳的境地。
>
> 控制住你的脾性。请谨记,从你让对方生气的起因,你便可以看出他/她的气度。
>
> 首要任务是倾听。给对方一个诉说的机会,并且让他说完。其间,

请不要反驳或是抵抗,因为这种反应只会设置交流的障碍。努力去建立理解的桥梁,而不要再设置更多的误解障碍。

求同存异。倾听完对方所有的陈述之后,把重点放在你同意的观点上。

务必诚恳。说出你自己的缺点,为自己的错误道歉。这样做可以消除对方对你的敌意,从而减少争辩。

承诺仔细考虑对方的建议。你必须说到做到,对方的意见或许是正确的。这个时候,若认真思考对方的意见,局面要和谐得多。千万别等到对方说"我告诉过你的,可你就是不听"时,你才开始行动。

真诚地感谢对方。那些愿意花时间和你争论某件事情的人,其实和你一样对那些事物感兴趣。这些是真正愿意帮助你的人,你可以把他们看作自己的朋友。

延缓行动,让双方有足够的时间思考问题。建议推迟碰面时间,以便将诸多因素纳入考虑范畴。为会面做好充足准备,请你自省以下棘手问题:

对方的观点有可能是正确的吗?有可能部分正确吗?对方的论点中是否有可取之处?我的反应可以缓和问题和挫折吗?我的反应是会赶走对手,还是把他们拉到自己这一边来?我的反应能否增加对方对我的好感?我会赢,还是输?如果赢了,我要付出怎样的代价?如果我沉默不语,分歧是否就会消失殆尽呢?这个困难于我来说是不是一次机遇?

歌剧男高音简·皮尔斯在其金婚之后说:"太太和我很久以前便订下了誓约,不管我们双方之间有多恼怒,我们都遵守这个誓约。一方大喊大叫时,另一方就必须倾听,因为当两个人都喊叫时,只剩下噪音和不和谐的颤音,沟通根本就不可能进行。"

原则之一:解决争论的最佳方案就是避开争论

2

树敌的祸因："你错了"

西奥多·罗斯福执政白宫时曾坦承:如果在任期内75%的时间是正确的话,那么,他便达到自己预期成果的最高点了。

如果那是20世纪最杰出人物之一对自己的最高评价,那么,你和我的自我评价又该是多少呢?

如果你确认自己有55%的时间是正确的话,那么,你就可以在华尔街日进百万美元。否则,你怎可指责别人做错事?

如果你振振有词地指责别人错了,或是以一个眼神、一种腔调,甚或一个肢体语言表示对方错了,他会转而同意你吗?不可能!因为你赤裸裸地伤害了他的自尊,打击了他的智慧、判断力及傲气。你这种做法并不能让对方改变主意,因为你伤害了他的感情。在文章中,永远不要一开腔便说:"我要向你证明我说的是正确的。"这样子很糟糕,因为这等于在说:"我比你聪明,我要教教你,让你改变主意。"

那是在挑战对方。它将导致对立,使得对方在你还没有准备开战之前就想和你对决。

如果你想证明些什么,请不要让对方明白你的意图。请策略地、不动声

色地去干,而不要让对方察觉。亚历山大·波普就曾清楚地告诫我们:

教育人类,必须以潜移默化的方式;对方未知之事权当是他遗忘了而已。

而在三百多年前,伽利略也说过:

你不可能教会任何一个人;你只可以帮助他,让他自己发现知识和真理。

正如切斯特菲尔德对其儿子的教诲:

你可以比其他人聪明,但不要让他们知道。

苏格拉底也在雅典再三告诫其弟子:

我只知道这一点:我对世事一无所知。

是的,我可没指望自己比苏格拉底还要聪明,所以,我再也不会指责别人做错事。我发现那样做是要付出代价的。

如果有人发表了一番言论,而你认为他的观点不对,好吧,就算你的判断是正确的,你最好这样说:“噢,要我看,不见得是你说的那样。或许我的判断有误，我常常判断失误。如果是我错了，那我纠正过来。还是让我们来细细研究一番吧。”你这样说话不是挺好吗？

只要你说出“或许是我的不对，我经常犯错。我们还是仔细考虑考虑吧”，奇迹就会发生。那是积极向上的奇迹！

任何人，不管是天上的仙人、地下的魔鬼，还是水中的蛟龙，只要听你说出“或许是我的不对，让我们仔细考虑考虑吧”，他就不可能反对你。

学员哈罗德·赖因克是蒙大拿州比林斯地区的道奇汽车经销商，他运用上述技巧应对客户。由于汽车行业的竞争压力，加之客户投诉频频，他常常感到恼火、心情压抑，久而久之，业务量锐减，心情更是郁闷。

他告诉班里学员：

意识到那样的心态于事无补，我尝试新的沟通策略。我会这样说话：“我们在经营方面犯了不少错，我常常为此感到羞愧。或许我们在处理你的业务上也犯了错，请直言好吗？”

这种沟通方式让对方变得非常轻松，没有一丁点儿火药味，而当顾客宣泄完情绪，转而谈论业务时，他便变得更加理智了。事实上，因为我以理解的态度沟通，好几位顾客都感激我，其中两人还介绍朋友来买车。在这竞争白热化的市场环境里，我们需要更多这种类型的顾客。我相信只要尊重所有顾客的意见，礼貌对待他们，我们就可以打败竞争对手。

只要你承认自己有可能犯错，你就永远不会陷入困境；只要你承认自己犯错,就可能终止争执,启发对方像你那样胸襟开阔、公平合理地行事。这样也就促使他也持有和你一样的心态:或许,我也错了。

假如,你确定对方错了,并且傻傻地向他直言,那么,其结果会是怎样呢?让我以实例说明。某某先生,纽约的一位年轻律师,有一次在联邦高等法院为一要案辩护。该案涉及一笔为数不少的金额,以及一个重要的法律问题。辩护过程中,高院的一名法官对他说:"海商法规定的诉讼时效是六年,对吧?"

这位律师怔住了,盯着法官好一阵子,然后傻乎乎地答道:"阁下,海商法规定没有诉讼时效。"

结果怎样呢?以下是这位律师向培训班学员的讲述:

> 整个法庭鸦雀无声,室内的温度似乎骤降到冰点。我说的是正确的,法官错了,并且,我还纠正了他。我这样做,他还会一如既往地表现友善吗?不会了。可我还是认为法律是站在我这一边的,并且,我感觉自己比以往任何一次说得都要精彩。但要命的是,我当时不是为了劝服,我犯了一个弥天大错:我教训了一位学识渊博的人,我直言了他的错误。

极少有人能做到理智。我们当中的大部分人都会以偏见视人,以个人倾向处事。大部分人都可能因成见而蒙遭损毁,这成见里包含有忌妒、怀疑、害怕、自大。可大多数人都不愿意改变自己的宗教信仰、发型、交际圈。因此,如果你想直言他们错了,请在每天早餐前读读以下文字,它出自詹姆斯·哈维·鲁滨逊的启智读本《锻造心灵》。

有时候,我们会发觉自己在不经意地改变着自己的心态,可是,一旦有人指出了我们的错误,憎恨便在我们内心油然而生,从而让我们的心肠坚硬起来。我们不会对自己的信念有丝毫的怀疑;当有人说要铲除我们固有的信念时,令人难以置信的事便发生了:我们内心会充满一种对信念的狂热执着。这并非因为个中的教义对我们有多么宝贵,而是我们自己的尊严受到了威胁……这一个小小的"我"在人类心目中分量很重,运用得当,它可以是智慧之源。不管是说"我的"一日三餐,"我的"狗,"我的"房子,"我的"父亲,"我的"国家,抑或是说"我的"上帝,其威力是一样的。我们不仅憎恨别人告知自己的手表走得不准了,车子寒酸了,同时还憎恨别人告知自己的知识性概念必须纠正了。例如:火星的轨道、"Epictetus"的发音、水杨苷的药用价值,以及萨尔贡一世的诞辰日,等等。我们乐意一如既往地相信惯常认为的"事实",但讨厌横加在我们信念中的任何怀疑,如此,我们便会每每寻找借口坚持己见。结果,我们所谓的理智的大部分,只不过就是寻求证据用以支持我们之前的所作所为。

杰出的心理学家卡尔·罗杰斯在其著作《论树人》一书中写道:

当我尝试着让自己去理解别人的时候,我发现自己受益匪浅。或许,我说出的这一感受会令你感到奇怪:人有可能让自己去理解别人吗？我认为是可能的。我们对他人言语的第一反应，大多是价值评判而非理解。当有人表达出他自己的情感、态度或者信仰时，我们大部分的应激反应往往是："对"、"真笨"、"不正常"、"无理取闹"、"不对"、"不好"等。我们极少能让自己准确地理解对方言语的含义。

有一次，我请了一位室内设计师为家里缝制一些窗帘。账单送过来时，我颇为不悦。

数天之后，一位朋友顺道来访。瞅着窗帘，问过价格之后，她大惊小怪地嚷道："什么？太不可思议了。我想他宰了你一大笔。"

真的吗？是的，她说的是实在话，可极少有人乐意接受自己价值判断之外的事实。所以，出于人性的弱点，我开始为自己辩护。我指出，最廉价的不是最好的，质地好且艺术品位高的物品不可能出价低廉。诸如此类的话我说了一大堆。

次日，另一位朋友造访。她对窗帘喜欢得不得了，赞不绝口，还说好想在她家里也挂起这么雅致的窗帘。当时我的反应与前一天的截然相反。我说："唉，告诉你吧，我对那价钱有点儿招架不住。我花钱太多了。真后悔做出这样的决定。"

当我们做错事时，我们有可能会在自己内心承认错误。如果我们能够策略而温和地处理，我们还有可能向他人承认自己的过错，并且为我们自身的坦率和心胸宽广而感到骄傲。但是，一旦有人将那些令人难以下咽的事实硬塞进我们的食道，我们便无法接受。

霍勒斯·格里利是美国内战时期最负盛名的编辑，他强烈反对林肯政府制定的政策法规。他认为，通过一系列的辩论和舌战，他可以让林肯转而认同他的观点。于是，月复一月、年复一年，他掀起了旷日持久的痛苦论战。就在林肯总统遭遇布思枪杀的那天晚上，他还写过一封信给林肯，信里充斥着冷酷、嘲讽和个人攻击。

然而，所有这一切能够改变林肯而让他认同格里利吗？根本就不可能。嘲讽和谩骂解决不了问题。

如果你想在人际关系处理、提升自我人格方面获得不错的建议，那就请读读本杰明·富兰克林的自传吧。那是美国文学的经典之一，是迄今最精彩的人生故事。在自传里，富兰克林向我们讲述了如何改正自己好斗、好辩的坏习惯，从而成为温文尔雅、精明强干外交官的全过程。

当富兰克林还是个愣头愣脑的小伙子时，有一天，一位老朋友把他拉到一边，劈头盖脸就是一顿训斥：

> 本，你可真是无药可救了。你的观点给了那些反对你的人一个痛击，它们已变为一种冒犯，以至于没人再理会它们。你的朋友们觉得没有你在旁边会活得更自在。你懂得那么多，没有人可以再教你些什么。而事实是，没有人想教你，因为付出的努力只会导致双方的不爽和僵持。所以呀，你不可能比现今学到更多的东西，而你现有的学识其实少得可怜。

据我所知，富兰克林干得最棒的一件事就是，他接受了那次朋友的训斥。他很聪明，意识到朋友之言是对的，还意识到自己的过错正迈向失败和人际关系的灾难。于是,他洗心革面,马上开始纠正自己目中无人、胡乱发表意见的处事方式。

富兰克林在自传里写道:

我制定了一条规矩:不让自己和他人发生直接的冲突;不允许对自己有任何正面的评判。甚至,我禁止自己使用诸如“当然”、“毫无疑问”等任何含有绝对意义的词汇,我采用“我认为”、“我的理解是”、“目前在我看来……”等取而代之。当别人的言论在我看来是谬误时,我会立即打消自己意欲针锋相对而后快的念头,更加不会恶言相向而让对方出丑。我会在观察事态发展的同时这样回答对方:在某些场合或情形下,你的观点或许是对的,但是在目前的情况看来,我的理解和你的有些差异。很快,我会发现自己这种处理方式所带来的好处:谈话进行得较以往更加愉悦。我这种谦虚表达个人观点的方式,让对方更加乐意接纳我,从而也减少了冲突的发生。如此,即使当别人认为我错了的时候,我要修正的地方也会少一些;另一方面,当我处于正确方时,我则更容易赢得别人的理解,从而让他们放弃错误的想法,加入我的行列。

起初,我是给自己施以压力来实施这种处事方式的。渐渐地,它变成了一个很自然的倾向。久而久之,它对我来说就是一个习惯了,我运用起来得心应手。在这过去的五十年里,还不曾有人反对过我的主张。幸亏我这个处事习惯(当然也是我言行一致的性格使然),当我提议建立新的或是废除旧的机制时,当我以一名顾问成员在公众中表态时,我都能够赢得国民们的尊重。我这人不善辞令，在措辞方面显得相当犹豫不决，因而表达极少到位，更不用说滔滔不绝了，仅只是表述自己的个人观点而已。

富兰克林的处事方式该如何运用于我们的业务当中？让我们来看看下面这两个事例吧。

培训班学员凯瑟琳·A.奥尔雷德是北卡罗来纳州一家棉纺厂的运营主管。她曾经处理过一个棘手的问题。以下是她在参加培训班前后的不同经历：

我的一部分职责就是为工厂的操作人员制定一系列的规章制度，包括设施的启动、维护及生产标准等，目的是生产出更多的棉纱，赚更多的钱。当初，我们仅有两三种不同型号的纺纱机，所以制度执行起来非常顺畅。可最近我们扩大了生产能力，机器型号一下子增加到十二种以上，因而现有的规章和运作机制远远不能体现对操作工人酬劳的合理支付，更不必说激发他们的工作热情以提高产量了。所以，我制定出一套全新的工作规章，规定纺织工的酬劳以质量界定。当我手捧文件走进会议室时，我便下定了决心要向管理层证明我的方案是可行的。会上，我详细分析了他们的不足之处，以及不合理的分配制度，并且陈述了自己的解决方案。整个过程我感觉很狼狈，一点儿不假！因为我总是要为我所设计的新规章辩护，我不可以为他们留下任何借口从而得以维护旧的制度。会议无果而散。

数轮会议之后,我完全意识到了自己的交流失误。我组织了又一轮讨论,但这一次我要求他们自己谈谈问题的所在。我们相互磋商,我还要求他们畅所欲言,将各自认为最佳的方案摆出来。在适当的间隙,我低姿态地抛出自己的建议,引导他们的思路靠近我所设定的目标制度。这样,会议结束时,新的规章制度出来了,一如之前我的设计,不过,这一次管理层欣然接受。

现在,我真正明白了这个道理:成功不是必然的;如果你直截了当地指出对方的过错,事情只有以失败告终。你这样做的唯一成功之处就是:你损害了对方的自尊,并且让你自己成为任何讨论场合中不受欢迎之人。

请看另一个事例(谨记:我在此引述的都是芸芸众生的典型经历)。R. V. 克劳利是纽约一家木料公司的推销员。克劳利承认,此前数年他一直都在和那些强硬的木料检查员较劲,他老挑他们的错,而且逢争必胜。可这无济于事。"因为这些检查员就像棒球裁判,一旦做出了决定,他们绝不会更改。"克劳利先生说。

尽管争辩时是赢家,但公司还是要蒙受数千美元的损失。所以,克劳利先生决定参加培训课程,他决心改变交流方式,放弃争辩。其后的结果怎样呢?这是他在班里向同学们的讲述:

有一天早上,我办公室的电话骤然响起。电话另一端的那个人气势汹汹地告诉我:我们整车装运过去的木料糟透了,他们公司已经停止卸货,要求我们立马安排人手将木料搬走。原来,当卸货至大约四分之一车的时候,对方的检查员发现55%的木料不合格。所以,他们拒绝收货。

我立即前往该公司。途中,我心里思忖着处理事情的最佳方式。往常遇到这样的情况,我都会去查询有关的木料等级参数,然后凭着自己当检查员时的经验和知识,努力向对方证实木料不是次品。我还会告诉对方,是他们对等级的描述有误解。不过,这次我要将培训课程里所学到的原理运用起来。

当我来到工厂,发现采购人员和检查员正热火朝天地对质。来到运木料货车一旁,我要求他们继续卸货,好让我看看木料到底有多糟糕。我请求检查员继续履行职责,将拒收木料的原因一一列出,并且将质量好的另外放一堆。

对该检查员的运作仔细观察一番之后,我渐渐发现是他的要求过于苛刻了,并且,他还误解了相关的规定。这一车木料是白松木,而他却将之完全归入硬木类。对白松木的检测正是我的强项,可我能够就他当下的检测方式提出反对意见吗?绝对不可以。我继续在一旁看着,逐步向他提出一些问题,提示他为何有些木料不能如他所意。我并没有马上暗示他的检测方法不对,我只是强调了自己提问的唯一理由:在以后的业务交往中,我们能够准确提供他们所需要的木料。

就这样,我以合作的态度、友善的问询,以及在承认所提供木料未能达到要求的前提下,检查员和我之间绷紧的神经慢慢松懈了下来,他的情绪也随之趋于平缓。这过程中我的一句不经意的提醒让他意识到，他所拒收的木料有可能确实符合标准，而他们的要求实在是苛刻了些。不过，我一直很谨慎，不让他察觉我是在诱导他往这方面想。

渐渐地，他整个人的态度都转变了过来。终于，他向我承认，对于白松木的鉴定他缺乏经验，并且，每当工人从车上卸下一根木料，他便向我请教；我向他解释木料合乎规格的理由，但同时也强调，如果木料真不适合他们的用途，我们不会强行要求他们收货。至此，就算他意欲再将木料往次品堆上放时，他都感到了内疚。最后，他意识到了差错出在他们那一方，他们自己没有明确所需木料的具体质量规格。

最终的结果是：继我离开之后，他再次检验了整车的木料，决定收货，而我们也收到了一张全额支票。

仅仅是这样的一个小事件，就因为运用了一点点交流技巧，加之克制了自己不直言对方错误的决心，就为公司挽回了为数可观的经济损失。更何况，双方之间友善的关系是任何金钱都无法估量的。

曾经有人问过马丁·路德·金，作为一位和平主义者，他何以令空军上将丹尼尔·詹姆斯肃然起敬。这位国家最高级别的黑人官员金先生是这样回答的："我以人民自己的准则而非我自己的准则来评判他们。"

同样，有一次，罗伯特·E. 李将军在南部邦联总统杰斐逊·戴维斯面前大肆夸赞其旗下的某位军官。在场的另一位军官大为惊讶。"将军，"他说，"难道你不晓得你刚才赞不绝口的那个人，是你最难应付的对手之一吗？他总是不放过任何机会诽谤你。""我知道，"李将军回答道，"可总统是问我对他的看法；总统并没有问他对我的看法。"

其实，在本章节里我并没有任何新颖的事例可以奉献。而耶稣在两千年前就曾说："赶快同意你对手的意见。"

早于基督降世两千两百年前，埃及国王阿赫托伊就给予其子一些明智的忠告，此忠告在今天看来都是那么必要：务必策略地处事，方能达到目的。

也就是说，请不要和你的顾客、你的配偶或是你的对手争执。不要直言他们的错误，不要惹恼他们。请运用一点点交际策略。

原则之二：尊重他人的意见，永远不要说"你错了"

3

如果你错了，就承认吧

在距离我家房子一分钟步行范围之内，长有一大片野生树林。春天的时候，黑莓丛里冒出簇簇白色的花，松鼠在那安家、哺育后代，马草疯长，可以和马头比高。这一片没有被开发的树丛，人称“森林公园”——它确是一片森林，或许，其外貌和当年哥伦布发现美洲大陆时没有二致。我常常和我的波士顿小喇叭猎狗雷克斯在公园里漫步。雷克斯对人友善，没有伤害过人，加之我们在公园里极少遇见其他人，所以散步时我没有给它的脖子拴上皮带、嘴巴套上口箍。

有一天，我们在公园里遇到了一名骑警，他想显摆显摆他的权威。

“你怎么可以不给狗系上皮带、戴好口箍就让它在公园里乱跑？难道你不知道这是违法的吗？”他斥责道。

“我知道，”我温和应答，“但我认为它在这儿不会给任何人造成伤害。”

“你认为不会！你认为不会！法律可不会如你那样想。这狗有可能咬伤小孩，或是咬伤一只松鼠。这一次我放过你；但如果下次再让我看见你的狗没有系皮带、戴口箍就在这里撒野，你就等着见法官吧。”

我乖乖地保证不再违规。

我确实做到了遵守条例，但只是有那么几次，因为雷克斯不喜欢套口箍，我也不喜欢给它戴上，所以我们决定冒冒险。这期间，我们一直都很侥幸，但麻烦还是碰上了。有一天下午，雷克斯和我比赛，看谁先爬到山顶。就在那儿，突然间，我看见了那位警察大人，正骑着一匹栗色大马。雷克斯跑在了我的前面，正朝着那警官冲去。

我活该。我知道是我错了，所以没等警官开腔我就说开了："长官，你逮了个正着。是我错了，我不可能提供不在犯罪现场的证据，我没话可说。上个星期你就警告过我，如果我再次把没有套上口箍的狗放出来，你就要惩罚我。"

"嗯，"警察的语调听起来挺温和的，"我明白，当周围没有其他人的时候，这确实是个小小的诱惑。"

"确实是诱惑，但还是违规了。"我应道。

"是的，但这只小狗还不足以伤害任何人。"警察反倒劝起我来了。

"不是这么说的，它可以咬死松鼠的啊。"我说。

"我想你把事情看得有点儿太严重了，"他说道，"让我告诉你该怎样做吧。你叫它跑到山的那一头去吧，让它在我的视线里消失就是了。我们都把这事给忘了吧。"

警察也是人，他想得到一种受到重视的感觉。所以，当我开始责备自己的时候，唯一能够膨胀他自尊的方式就是向我展示宽容。

但是，如果当初我极力为自己辩护的话?! 嘿嘿，你可曾和警察发生过争执?

当时，我没有和警察针锋相对；我向他承认，他执法是对的，是我违规了，并且，我马上就认错了，态度诚恳积极。由于双方都能够换位思考，因而皆大欢喜。就算是切斯特菲尔德法官大人本人，也可能如这位骑警那样宽大待我。一个星期之前，这位骑警可是警告过我，若再犯规等待我的就是惩罚呀。

如果我们明白自己无论如何都要受到批评，那么我们展开自我批评不是更好吗？自我批评不是较之出自陌生人之口的责骂要顺耳得多吗？

请你自己说出对方正打算批评你的逆耳之词，并且抢在对方批评之前说出来，那样的结局是：你有99%的机会获得对方的宽容，而你的失误亦会变小，这就是我和猎狗雷克斯与那个骑警的经历。

费迪南德·E. 沃伦从事商业艺术设计，曾运用上述技巧赢得了一位脾气古怪、总爱吹毛求疵的买家的好感。他向我们讲述了他的经历：

> 为商业广告、出版物作画必须精准，这一点非常重要。有些艺术编辑总是要求尽快交出作品，那样的话，小小的错误就在所难免了。我认识一位艺术总监，他尤其喜欢在鸡蛋里挑骨头。每次走出他办公室的时候，我都感到沮丧，不是因为他的斥骂，而是因为他斥骂时的攻击方式。最近，我匆忙完成了一幅作品，刚一上交，他就致电要求我立马去一趟他的办公室。前脚刚到门槛，我就感觉到了如我所料的可怕气氛：他的态度很敌对，不吝一切机会训斥我；他质问我为什么这样做，为什么不那样做。此前，我学到了自我批评的交流策略，这下运用的机会到了。于是，我说道：“先生，假若你所说的是对的，那我就错了，而且，不可饶恕地错了。我为你作画那么长时间，可就是没有改进。我为自己

感到难过。”

很快,他转而为我说好话了。“不,你没有错。不管怎么说,这不是严重的错误,仅仅是……”

我插话道:“不管犯的是什么错,都是要付出代价的,况且错误会令人生厌。”

他想打断我的话,不过我没有给他机会。我感到非常荣幸,这是我有生以来第一次展开自我批评。我可喜欢了。

我继续自责道:“我应当更加细心一些。你给了我很多次机会,你确实应该得到最佳的作品。我重新再画一次吧。”

“不!不要!”他反对道,“我并不是说要麻烦你重做。”接着,他指出了我作品的可取之处,告诉我他只需要我做一点儿小小的改动,而我的小小失误没有给他公司带来任何经济损失。他还说,那毕竟只是一个细节失误,不足挂齿。

我那自我批评的真切表现,让他放下了所有争执的念头。最后,他还邀请我共进午餐。离别之际,他交给我一张支票,以及另一个设计任务。

当鼓起勇气承认自身错误时,人们确实有一种满足感。这不仅让负疚感和辩护念头一扫而光,而且还帮助解决了由于失误而引发的矛盾。

来自新墨西哥州阿尔伯克基的学员布鲁斯·哈维,给一位请了病假的工人发了全薪。当发现自己的失误之后,他将情况告诉了该名工人并通知他:为了弥补损失,他多收的工资将在下次薪金中扣除。工人哀求他可否分期扣除多发的部分,因为一次性扣除可能会导致他严重的经济拮据。但是,只有获得上级领导的授权,哈维才能满足该名工人的请求。以下是哈维的叙述:

> 我明白,向上级汇报工人的请求一定会引来领导的狂怒。当我为更好地处理问题而绞尽脑汁时,我意识到整件事都是我的错,我必须向领导认错。
>
> 我走进领导的办公室,告诉他我做错事了,然后将事情的全过程一一禀告。他咆哮、大喊大叫,说这是人事部门的错。我在此强调说是我自己的错,而他呢,又责怪起财务部门的粗心大意。我再次向他解释是我错了,他却又将责任推到办公室里另外两个人身上。可我还是重申是我自己的错。终于,他看着我,说:"好吧,是你的错,你走吧。"就这样,失误给纠正了过来,且没有任何人陷入麻烦的境地。我感觉特爽,因为我有能力处理棘手的问题,而且,我有勇气面对错误,不找任何借口。从此,领导对我也更加尊重了。

只有傻瓜才会为自己的失误辩解,可就是有那么多的傻瓜。如此,那个勇于承认错误的人就鹤立鸡群了,他有一种荣耀感和兴奋感。例如,史册中所记载的罗伯特·E.李将军干得最漂亮的事情之一就是,对于葛底斯堡一役的溃败,他将责任仅仅归咎于他自己。

此役无疑是西方世界最可圈可点的战役。乔治·E.皮克特将军在战场中的表现最为抢眼:金棕色的长发几乎长及双肩;他效仿拿破仑当年在意大利的作战经历，几乎每天都写一封战地情书；在那个悲情的7月下午，他策马扬鞭奔向联军战场，鸭舌帽歪戴着侧向右边的耳朵；他忠诚的部下簇拥着他，一排排、一列列，阳光下彩旗飘飘、刺刀霍霍。这种场合真可谓雄壮激扬、荡气回肠。战场上不时传出将士们对将军的赞叹。

皮克特的军队所向披靡。他们穿越果园、玉米地、大草甸，翻越一个又一个山谷。尽管敌人的炮弹把士兵和战马炸得血肉模糊，他们还是不为所动，一如既往，锐不可当。

突然间，一股北方联盟的步兵从墓园岭的石墙后面钻了出来。原来，他们借助石墙作为掩护，向突击出来的皮克特部下发出猛烈的扫射。山顶刹那间火海一片，交错着士兵身体里涌出的鲜血，场面仿如火山爆发、熔浆迸射。顷刻之间，皮克特部下仅存一名指挥官，五千人的部队折损四千人，战场变成了人间地狱。

刘易斯·A.阿米斯特德将军带领将士们做最后的突围。他在后墙边一跃而起，将军帽放在利剑的一端，挥舞着，大吼一声："弟兄们，给他们点儿颜色看看。"

将士们群起响应。他们越过石墙，和敌军拼起了刺刀。霎时间，脑浆四溅。终于，南方邦联的战旗在墓园岭的上空飘扬。

尽管战旗的飘扬非常短暂，但它还是显示了南部邦联曾经的战绩。

皮克特的冲锋陷阵可谓骁勇，可终究只是失利之前的拼死挣扎。李将军失败了，他未能突破北方军的防线向前挺进。他清楚知道这一点。

南部邦联瓦解了。

李将军非常悲伤、愤怒，他提出辞职，请求南部邦联总统杰斐逊·戴维斯另寻“更年轻有为的志士”。其实,如果李将军想将该次皮克特进攻的惨败归咎于其他人,他完全可以找出很多借口为自己开脱:旗下指挥官违抗命令,骑兵没有及时赶到去增援步兵的突袭,等等。

但是,人格高尚的李将军不可能去责难别人。当皮克特的残兵败将历尽艰险撤回到南部邦联战区时,李将军亲自策马相迎:“所有这一切都是我的错。是我自己,仅仅是我自己打了败仗。”语气中充满了自责,没有任何的傲慢。

古往今来,极少有将军可以有如此的勇气和人格承认自身的过错。

迈克尔·张是我们香港培训分部的老师。他告诉我们,中国文化可能会引发一些特别的问题,我们有必要意识到:运用正确的处事原则,较之固守陈旧的传统习俗有时候要受益得多。

迈克尔班上有一中年学员,他与其子已经疏离了好些年。这位父亲曾经是个鸦片瘾君子,不过参加培训班时已经戒掉了。依据中国人的传统说法,老一辈的父亲是不可能妥协,先表示和儿子和好的,所以这位父亲认为该由儿子决定双方是否重归于好。起初,他告诉班里的同学他有多么渴望家庭重聚,因为他和孙子们还未曾谋面。他班里的同学都是中国人,所以多数都能理解他内心的挣扎:一方面是他殷切的愿望,而另一方面则是古老的传统习俗。这位父亲认为年轻人应该敬重长辈;他还认为自己做得对,不能低头,必须等儿子来和他相认。

在培训班即将结束时,这位父亲告诉同学们:

> 这个问题我想好解决办法了。正如戴尔·卡耐基所说的,如果你

错了，请承认错误，要快，还要真心。于我来说，尽管认错已经有些迟了，但我要真心地认错。我错怪自己的儿子了。他不来看我，让我在他的生活中销声匿迹是对的。我请求年轻人的谅解，是有失脸面上的尊严，但是我有错，我有责任必须认错。

话音刚落，班里掌声响起，同学们纷纷表达出完全的支持。在下一节课上，这位父亲告诉同学们，他去过儿子家了，而且终于见到了儿孙和儿媳妇。他终于得到了他们的谅解，从此一家人和睦相处。

作家埃尔伯特·哈伯德文风犀利，其言论往往会引发某些人的怨恨，甚至举国骚动。不过，哈伯德总是可以凭借自己处理人际关系的宝贵经验化干戈为玉帛，将敌人转化为自己的朋友。

例如，一些敏感的读者致信表达不能认同他的观点，还要求他要那样写而不要这样写，等等。哈伯德是这样回信的：

思忖再三，连我自己都不能够完全认同自己的观点。我昨天的文章在我今天看来并非处处正确。真高兴能够从你那学到点儿东西。哪天你若正好在我们附近，敬请来访，再让我们好好讨论，解决这个问题。

遥祝雅安！

你真诚的

埃尔伯特·哈伯德

要是有个人这样对待你，你还能说些什么呢？

当我们是正确一方的时候，就让我们温和地、技巧地赢得对方认同我们的观点吧；而当我们出错的时候——这可是常有的事，我们就应该以诚实的态度立即真心地认错。这不仅可以产生意想不到的好效果，而且，不管你相信与否，承认错误较之自我辩解要让人感觉开心得多。

请谨记住这句古老的格言：抵抗永远得不到满足，退一步海阔天空。

原则之三：如果错了，立即真心实意地认错

4

一滴蜂蜜，友善的开端

如果你想要发脾气，你可以教训教训别人，这样，你就通过发泄获得了一种快感。但是，对方的感受又会怎样呢？他可以分享到你的快感吗？你挑衅的口吻、敌对的态度，可以轻易迫使他认同你吗？

伍德罗·威尔逊曾言：如果你朝着我拳脚相加而来，那么我可以肯定地告诉你，我的拳脚出击得和你一样快。但如果你向我走来这样说话："让我们坐下来一起商量一下吧。如果我们双方意见有分歧，就好好找找问题所在吧。"那么，我们很快就会发现原来双方相去并非甚远，其实我们的分歧点极少，反而共同点很多。只要我们付出耐心、真诚，以及共事的热望，我们一定会走到一起。

没有谁比小约翰·D. 洛克菲勒更加理解伍德罗·威尔逊的这番话语。1915 年，洛克菲勒在科罗拉多州成了人见人憎的坏蛋。美国工业史上最为血腥的罢工，让科罗拉多州陷入长达两年的黑暗之中。愤怒、滋事的矿工，一直都在要求科罗拉多燃料和钢铁公司加薪。洛克菲勒虽然控制住了公司局面，但公司财产尽毁，他不得不动用军力收拾残局。结果，罢工工人遭到枪击，尸首上弹痕累累。

就是在这样一个空气中都弥漫着仇恨的特别时期,洛克菲勒却想说服罢工工人认同他自己的主张。他居然成功了。何以成功?事情的经过是这样的。

洛克菲勒花去数周时间和罢工工人交流、做朋友,然后,他向罢工代表发表了一次演说。该演说可谓是不朽的篇章,其效果令人震撼。它平复了似要吞噬洛克菲勒的仇恨的浪潮;它为他赢得了众人的钦佩;它以友善的姿态摆出事实,说服了罢工者重返工作岗位,而工人们却只字未提之前他们曾经强烈抗议的薪水问题。

洛克菲勒心里清楚,他所要面对的那群人,此前曾扬言要把他拴吊在酸苹果树上绞死。然而,他必须像义务医护人员那样,以仁慈的心态和工人代表沟通。他的开场白洋溢着人性的温馨:"我骄傲地来到这里……我拜访了你们的家,见到了你们的妻子儿女。我们在此不是以陌生人的身份相见,我们是朋友……我们之间存在着共同的利益和友谊……正是你们的谦恭促使我来到了这里。"

请留意洛克菲勒在演说中体现出的友善:

> 今天是我人生中一个大喜的日子。这是我第一次会晤这个了不起的公司的雇员代表,我感到很荣幸。公司的行政主管、高层领导及我本人在此向你们保证:在我的有生之年,我都会记住今天这个集会的日子;我为此感到骄傲。如果我们这个集会提早两个星期举行,你们大多数于我来说一定是个知之甚少的陌路人。亏得上个星期让我有机会走访南方的煤田,和当时在岗的职工代表逐一交流。我还走访了你们的

> 家庭，见到了你们的妻儿，所以我们之间已不再陌生，我们已经是朋友。我很高兴能够在这互助的友谊精神气氛中和你们一起探讨大家的共同利益。
>
> 这是一次公司管理者和员工代表之间的聚会。正是你们的谦恭促使我来到了这里；我的荣幸并非在于我具有这个或是那个头衔，而是在于我感觉自己和你们水乳交融。从某种意义上说，我既代表股东，亦代表董事局成员。

这难道不是化敌为友最为精湛的交流技巧吗？

假设洛克菲勒采取截然不同的处理方式；假设他和那些矿工展开滔滔不绝的争辩；假设他含沙射影地指出矿工的错误，或者，假设他运用逻辑推理证明矿工是错的，结果又会是怎样呢？只会引发更强烈的愤怒、更深刻的仇恨、更激烈的反抗。

如果有人对你耿耿于怀、不怀好意，那么，你就算运用一切基督教教义里的逻辑，也不可能赢得他对你观点的认同。所以，斥骂常常挂在嘴边的父母们，专横跋扈的老板们、丈夫们，以及喋喋不休的妻子们应该明白：人是不会更改自己心中主意的。你不可以逼迫他们接受你的观点。但是，如果我们假以温和及友善的态度，并且一直坚持温和、友善，我们是有可能引导他们接纳和认同我们的。

事实上，一百多年前，林肯就提出了这样的看法。他说：

> "较之一加仑的胆汁，一滴蜂蜜所捕获的苍蝇要多得多。"这句古

老的格言千真万确,同样适用于人类。如果你想赢得他人对自己事业的认同,首先你得向他保证你是他诚挚的朋友。如此,你就凭着一滴蜂蜜赢得了他的心。这是你通往他心灵深处的快捷之路。

行政主管们都明白,对待罢工者必须友善。怀特汽车公司两千五百名员工曾经因为要求加薪及设立工会而罢工,其时,公司老板罗伯特·F.布莱克并没有大发雷霆,也没有以“暴徒”、“共产主义者”等言辞斥责、威胁员工。相反,他表扬了他们。他在克利夫兰的报刊上发表文章,表扬他们“放下武器、以和平的方式”表达诉求。他发现罢工妥协分子的纠察员无事可做,就为他们购买棒球棒和手套,邀请他们在空旷的闲置地上玩起了棒球;而对于那些钟情于保龄球的工人,他就为他们租场地玩保龄球。

布莱克先生的友善收到了应有的效果:对方同样回报以友善。罢工者借来扫帚、铲子和垃圾车,开始清理工厂四周的火柴、报纸和烟头。请你想象一下当时的情形!在争取加薪和承认工会的当儿,罢工者却在收拾、清理杂物,维护工厂的环境!这在漫长而激越的美国劳资斗争中史无前例。这次罢工持续不到一个星期,劳资双方均做出妥协,没有留下任何怨恨或是敌意。

丹尼尔·韦伯斯特是位杰出的辩护律师,他貌似上帝耶和华,就连说话语气都那么相似。每当辩护,他均以友善的口吻开始:“请陪审团考虑一下”,“这一点值得考虑斟酌”,“我相信你不会忽视这些事实”,“凭着你对人性的理解,你会明白这些事实背后的意义”。他的言语不带有任何威逼,不施以任何高压,也不试图将自己的观点强加于人。韦伯斯特说话时,语气和缓、平静、友善,而正是这些为他赢得了声望。

你这辈子都有可能不必去处理一起罢工纠纷,或是向陪审团陈述案情,但你有可能会要求房东减租。那么,友善的交际策略可以帮上你的忙吗?让我们来瞧瞧。

工程师 Q. L. 斯特劳布要求房东减租。他心里清楚,房东是个铁石心肠的人。斯特劳布告诉培训班上的同学:

> 我给他去信,通知他我的租期一到房子就会空置下来。其实,我是不想搬走的。如果房租便宜一些的话,我是愿意留下来的。情势似乎很不乐观。其他租客也争取过,不过都是徒劳。人人都告诉我,房东非常难以对付。不过,我对自己说:"我在学习如何与人和睦相处,我还是要去试试,看看他有什么反应。"
>
> 收到我的去信,他和秘书即刻就来见我了。在房门口,我以笑脸相迎,好话说尽,只字不提房租的事,我不停地告诉他我有多喜欢他的房子。请相信我,说话当时我确实做到了"真心,不吝赞美"。我赞扬他处理自己物业的聪明方式,告诉他我真的很想再在这儿多住一年,只可惜无法支付高额的租金。
>
> 很明显,他此前的租客从未这样对待过他。他不知道自己该如何是好。
>
> 接着,他把自己的烦恼向我和盘托出。他向我抱怨租客:其中一人给他写了十四封信,信里不乏辱骂;而另一租客则威胁说要终止租约,除非房东可以阻止他楼上的住户睡觉时不打呼噜。"有个像你这样的租客该多令人轻松!"他说。还未等及我提出减租要求,他就主动提出

减少一点儿租金。我还想他再降点儿,所以将我认为可以支付的数目说了出来,他二话不说就同意了。

分别之前,他问我:“我该怎样为你整饰一下屋子?”

如果我仿照其他租客的做法要求减租,我注定和他们一样遭遇拒绝。是友善、同情及赞赏的心态,让我减租成功。

伍德科克主任是宾夕法尼亚匹兹堡当地一家电气公司的行政主管。他手下的员工奉命修理一根电线杆顶端上的设备。之前这类活儿都是另外一个部门负责,只是最近才归入伍德科克的部门。尽管他手下员工曾受过这方面的培训,但这是他们第一次受命实际操作,所以公司里的每一个人都饶有兴趣地观望他们的工作表现。伍德科克先生、他手下的数名经理,以及其他部门的成员都一一赶去了现场。周围停满了小轿车、大卡车,电线杆下一大堆人翘首注视着杆顶上两位工人的一举一动。

伍德科克环视四周的时候,发现街那头有个人手里拿着相机从车上走了下来,开始着手拍照。当然,人人都非常清楚公共关系的效用,伍德科克马上意识到,让这位先生拍到众目睽睽之下两人干活的镜头,对公司声誉会有很大的杀伤力。于是,他走到那人跟前。

“我看你对我们的工作很感兴趣。”

“是的,而我母亲会更加感兴趣。她持有贵公司的股票。这张照片可以让她大开眼界,她甚至会觉悟到自己的投资是不明智的。这些年来,我一直不断地提醒她,你们公司的很多决议都是在浪费钱财。这些照片可以证实这一点。报刊也可能喜欢这些照片哟。”

“情况似乎就是这样,对吧?我也愿意从你的角度看待这件事情。可这次情况比较特殊……”伍德科克将具体经过向该先生解释了一番。他还向该先生保证:正常情况下,两个人是完全可以修理好设备的。结果是,摄影者收起了相机,谢过伍德科克先生的详细解释后握手道别。

伍德科克主任友善的态度使公司免遭困局,从而换回了公信度。

我们培训班的另一位学员杰拉德·H.韦恩来自新罕布什尔的利特顿。她向同学讲述自己运用友善的交际技巧处理一宗破损投诉的全过程:

> 今年早春时节,因寒冬结冰的地表尚未融化、解冻,一场罕见的暴雨就已经来袭,结果,应该流往附近沟渠的雨水、冰水,却流向了一个建筑工地,而我的新家就建在那儿。
>
> 由于积水无处可流,房子基底的水压不断增加,结果地下室的地板爆裂,污水四溢,还毁坏了我家的火炉和热水器,维修费超过两千美元,可我还没有来得及购买保险。
>
> 不久,我发现建筑工地的承包商没有在房子附近铺设排水管道,假若之前有铺设的话,污水四溢的问题是可以避免的。于是,我要求约见承包商。他的办公地点距离我家有二十五英里之遥,途中,我仔细回顾了一下当时的情形。想起我在培训班上学到的处事原则,我意识到表达愤怒于事无补。见面时,我很平静,倾听他最近在西印度群岛的度假感受。当我感觉时机成熟后,我将房子渗水这个“小”问题告诉了他。他马上答应愿意共同承担损失。
>
> 几天之后,他给我打电话,说愿意赔偿经济损失,还说会铺设排水

管道以防类似的事情再次发生。

即使是承包商的失误，假如我和他交涉时态度恶劣，那就很难说服他承担所有的责任和损失。

很久很久以前，当我还是个光着脚丫子的男孩穿越密苏里西北丛林去乡村小学念书的时候，我读到了一篇关于太阳和风的寓言：

太阳和风争论究竟谁更强大，风说："我要证明我更强大。看见下面那个穿着大衣的老头儿了吗？我一定可以比你更快地将他的大衣脱下来。"

于是，太阳躲进云雾里去了。风儿狠劲儿地吹，几乎就要形成飓风了，可风吹得越猛，老头儿越是将大衣拽紧。

最后，风儿平静了下来，放弃了比拼。这时，太阳从云雾里冒了出来，向着老头儿发出慈祥的微笑。不一会儿，老头儿就擦起了额头上的汗珠，随即就将大衣脱了。这时，太阳告诉风儿一个道理：温柔和友善，往往较之愤怒和武力要强大得多。

现在人们都明白了这个道理：较之一加仑的胆汁，一滴蜂蜜所捕获的苍蝇要多得多。所以，他们逐渐运用起温柔和友善的策略来处理人际关系。来自马里兰的学员F.盖尔·康纳就有这方面的体会。有一次，他将落地仅四个月的新车不得不第三次送进售车行修理。他告诉班里的同学：

明摆着，无论是向售后服务部经理投诉、论理，还是大吵大闹，都不可能促使我的问题圆满解决。我来到汽车展示大厅，要求和代理商怀特先生见面。稍为等待之后，我被带进怀特先生的办公室。一番自我介绍之后，我告诉他，是朋友们的推荐才使我在他的车行购车的，而朋友们此前已和他有过数次交易。他们告诉我，这里所出售汽车的性价比很高，且售后服务也不错。然后，我把自己和售后服务部多次打交道的经历告诉他，最后还加上一句评论："我认为你该意识到，任何情形都有可能玷污你良好的声誉。"他感谢我的提醒，还向我保证我的问题会得到解决。他不仅亲自过问了汽车的修理，还把他自己的车借给我使用。

早在基督诞生六百年前，伊索就为我们人类留下了不朽的寓言，不管是在二十六个世纪以前的雅典，还是在今天的波士顿，抑或是伯明翰，个中道理都是要我们明智地待人处事。太阳能够比风儿更快地脱去你身上的衣服，而较之暴风式的谩骂，友善和赞美更能让人们改变内心的主意和观点。

请谨记林肯之言：较之一加仑的胆汁，一滴蜂蜜所捕获的苍蝇要多得多。

原则之四：以友善的方式开始交流

5

苏格拉底的秘密：获取他人的认同

和人交谈之初，千万别触及你持异议的话题，而是强调，且一直强调你认同的观点。如果有可能，你可以着重双方共同的目标，在此过程中，你唯一可以持不同意见的是交流的方式，而不是交流的目的。

从一开始，你就得促使对方说："是的，我同意。"如果有可能，一定不要让你的对手说"不"。

依据奥韦斯特里特教授的观点，说"不"是交流中最难逾越的障碍。当你说"不"的时候，你骨子里的骄傲要求自己要表里如一。过后，你有可能感觉当时说"不"是不怀好意的，是你的自尊在作祟！一旦"不"字说出口，你就觉得一定要坚持到底。所以，交流一开始就要以肯定的口吻定调，这一点至关重要。

精明的人在谈话的开端，便会以大量的"是"、"对"回应对方。这样的回应可以让对方的心理一直处于积极肯定的状态。这就好比一场桌球比赛，人们总是朝着一个方向出球，若要转向则需要付出一些力量；若要朝着相反的方向出球，则需要付出更多力量。

在交谈过程中，人们的心理状态一目了然。如果有人说"不"，且说一不二、实话实说，则说明该人内心的想法远比一个“不”字要多得多。该人的说话器官，包括腺体组织、神经和肌肉，全部集合起来形成一种反对的姿态。旋即，该人的整个身体就会退缩，或者是准备退缩；而神经系统也随之警觉起来，拒绝接纳对方的观点。与此相反，当人们说“是”的时候，其身体各个部位都不会有退缩的行动，各类器官组织都会呈现出向前、接纳、开放的姿态。所以，一开始我们说“是的”越多，我们就越有可能达到最终目的。

其实，这一个“是的”回应是非常简单的交流技巧。可是，我们大多数人都忽略了它！似乎，交流一开始，人们就要通过折磨对方而获得一种受到重视的感觉。

如果一个学生、一名顾客，或是孩子、丈夫、妻子，交流之初就说了“不”，则需要你付出智慧及天使般的耐心，才能将那令人恼火的否定转化为积极的肯定。

詹姆斯·埃伯森是纽约市格林威治银行的出纳。他就是运用了这一“是”的交流技巧，留住了一位有可能流失的顾客。埃伯森先生告诉我们：

> 这人来到银行，说是要开设一个账户，于是，我给了一份普通表格让他填写。表格里的一些问题，他很乐意地回答了，不过有一些问题，他拒绝填写上任何信息。
>
> 在我没有参加人际关系培训课程之前，若是遇到这样的顾客，我会告诉他如果他拒绝提供相关的个人信息，我们是不可以给他开设账户的。对于过去我的这种工作方式，我现在感到很内疚。当然，类似那样的对顾客的最后通牒，曾经让我的感觉良好，我认为无论是谁，都不可

以公然藐视银行的规章制度。但是,这种态度绝对不是对惠顾我们银行的顾客的欢迎,并且,没有给予他一种被重视的感觉。

我决定从今早开始来点儿改变。我决定不提银行的要求,而是听听客户的要求;而且,我还下了决心要让顾客从一开始就说"是的"、"是的"。于是,我同意了他的做法。我告诉他,那些他拒绝填写的信息并非绝对必要。

但我又开导他说:"假若你临终之际在我们银行还有存款,难道你都不愿意我们按照法律规定将之转入你指定亲人的账户里吗?"

"当然愿意啦。"他回答。

于是,我继续启发他说:"所以,你为何不将你至亲的姓名告诉我们呢?这样,在你仙逝之后,我们才可能准确无误地执行你的遗愿。"

就这样,他再次说出了"是的"。

当这位年轻顾客意识到,银行要求顾客提供信息是出于他个人、而非银行的考虑时,他的语气缓和了下来,态度亦随之改变。离开银行之前,年轻人不仅就他的账户向我提供了完整的个人信息,而且,在我的提议之下他还以其母亲作为受益人开立了一个基金账户,至于他母亲的所有相关个人信息,他一一做了填写。

我发现,从一开始就让他说"是的",他就忘记了所有的风险,而且还乐意接受我的建议。

约瑟夫·阿利森是西屋电气公司的销售代表,他告诉我们:

在我的营销区域,有一个公司长期攻坚的目标顾客,我的前任连续接触了他十年,可就是一无所获。自打我接管这个地区的销售任务以来,我亦和他软磨了三年,仍旧是接不到他的任何订单。最终,经过十三年的商洽之后,他终于购买了我们的一些产品。如果一切正常,我们应该可以收到他好几百份的产品订单——这是我的期待。

没错吧?我认为该是那样的结果。所以三周之后,当我造访他的公司时,我的感觉相当不错。

可是,这位总工程师却告诉了我这样一个惊人的决定:"阿利森,我不可能再从你那儿购买电动机了。"

"为什么?为什么?"我惊讶地追问。

"贵公司生产的电动机运转时太烫手,我根本无法用手触碰。"

我明白那时候争执下去于事无补,之前我干的这类蠢事太多了。我要得到对方说"是"的回应。

"好吧,史密斯先生,"我说,"我完全同意你的看法。如果那些电动机运转时散热不佳,你真的不应该继续购买。你应该购买那些符合'国家电子制造商协会'标准的电动机,对吧?"

他同意我的说法。我得到了第一个"是的"。

"国家电子制造商协会规定,一个设计合理的电动机运转时的温度可以高出室温七十二华氏度,对吧?"

"是的,你说得很对。可你的电动机运转起来不止这个温度。"

我没有和他争论,我仅仅是接着问:"你车间里的室温是多少?"

"嗯,大概是七十五华氏度。"他答道。

"哦,"我接着说,"如果室温是七十五华氏度,请你再加上七十二华氏度,那一共是一百四十七华氏度呀。如果你将双手放在一百四十七华氏度的热水里冲洗,是否会烫伤手呢?"

他再一次不得不说出"是的"。

我接着提示道:"别让双手触摸电动机,这不是个坏主意吧?"

"呃,我想你说得对。"他承认道。我们继续闲聊。他叫来秘书,为下一个月开出一张价值约三万五千美元的购货单。

我终于明白了争论无济于事的道理;我终于明白,换位思考,让对方说"是的"获益更多。这可是我历时多年、损失无数生意机会和利润所换来的教训。

埃迪·斯诺是我们在加利福尼亚州奥克兰培训班的赞助人。他告诉我们,由于店主引导他说"是的"而使他成为良好顾客的经历。埃迪热衷于用弓箭狩猎,因而花去不少经费在当地一家商店购买设备。有一天,他的兄弟来看望他,所以他想从该店租一套弓箭给兄弟狩猎用。可该店店员告知他们不出租弓箭,他只好致电另一家商店。埃迪告诉我们:

电话那端传来一个非常优雅的男士的声音,该男士对我租用弓箭要求的反应与其他商店截然不同。他说很抱歉,他们从来没有出租过弓箭,因为他们无法接受租借之后的任何损失。接着,他问我之前是否租用过。我回答:"是的,几年前租过。"他问租金是不是二十五至三十美元。我再次说"是的"。他问我是不是那种节俭之人。当然,我再次说“是的”。于是,他向我介绍店里的促销品,仅售三十四美元九十五美分,也就是说,我只要比租金多付四美元九十五美分,就可以拥有一套完整的弓箭。他向我解释,这就是他们不出租弓箭的原因。这样合理吗?我回答“是的”——这一反应反倒引导我买下了一套新的弓箭,而且,当我拿起这套弓箭的时候,我决定再买多几套。从此,我成了这家商店的常客。

人称“雅典批评家”的苏格拉底,是世上最杰出的哲学家之一,他在某些方面的贡献史上无人可及:他将人类的思维彻底改变;在其辞世二十四个世纪之后的现在,他被誉为影响这个纷扰世界最睿智的劝导者之一。

他凭借的是什么方法?他告诉过世人失误之所在吗?没有,苏格拉底不会这样做。他非常精明,绝不可能这样做。他的交流技巧,现在称之为“苏格拉底方式”,就是基于“是的”这一反应。他向对手提出的问题,往往可以得到肯定的回答。他一直问下去,直至得到一个又一个的认同反应为止。就这样,他的对手们会发觉自己在不知不觉中认同了他的观点,而这一观点在数分钟之前他们是断然否定的。

下次,当我们试图告诉他或她错了的时候,请记住“苏格拉底方式”,温和地向对方提问,这问题必须得到“是的”回应。

中国人有句谚语,该谚语和东方智慧一样源远流长:循循善诱。

中国人探究人性长达五千年之久,他们的看法相当精辟。循循善诱!

原则之五:引导对方立即说“是的”

6

处理抱怨时的安全阀：让对方诉说

大多数人在试图让对方认同他们观点的时候，总是过多地谈论他们自己。其实，你应该让对方诉说，因为他们比你更了解他们自身的问题所在；你应该向他们提问，让他们谈谈想法。

当你的意见和对方相左时，你有可能试图插话。请不要这样做，这是在冒险，因为当他们仍然需要表达自己很多看法的时候，他们不会将注意力转向你突然间的反驳。你应当抱着开放的心态耐心、真诚地倾听。你还应当鼓励他们充分地表达想法。

那么，这样的策略在工作中可行吗？让我们来看看这位营业代表将这一策略付诸实践的经历。

美国一家大型汽车制造厂在招标订购汽车座椅的垫套，有三家商户向其提供了样品。经由汽车制造厂高层审视，这三家商户都得到通知，要求他们在指定的日期派代表作最后的陈述，继而敲定合同。

G 先生是其中一家商户的销售代表，当天他赶去作陈述时正患严重的喉炎。G 先生在培训班的课堂上向同学们讲述了竞标的经过：

轮到我到会议室和汽车厂高层会晤时，我已经失声，连小声吐字都几乎无法做到。我被领进一个房间，迎面坐着的是汽车厂的纺织品工程师、采购人员、销售部主任及总经理。我站起身，想竭力说几句话，可喉咙里发出的只是一些“吱吱”声。

他们围圆桌而坐，所以我在一沓儿纸上写道：先生，我失声了，无法说话。

“我可以代你说话。”总经理说。他果真就代我做了。他展示了我的样品，还盛赞了其中的优点。于是，针对我的样品的长处，一场生动的讨论展开了。由于总经理是代我陈述，所以在整个讨论过程中，他都是以我的角色表达观点，我的参与仅仅是微笑、点头和一些肢体动作。

这次独特的会议结果是，我得到了订货合同——总价值一百六十万美元的座垫套布，总长逾五十万码，那是我当时拿到的最大一笔订单。

我明白，如果我当时没有患喉炎、无法言语，我是不可能得到订单的，因为此前我对整个任务存在误解。我是很偶然地发现，原来，有时候让对方说话真的可以有不错的收效。

同样，在家庭生活中，让对方说话也可以达到满意的结局。芭芭拉·威尔逊和女儿劳莉的关系每况愈下。劳莉自小文静、知足，可到了青春期却变得叛逆，不通人情。威尔逊夫人教育过她，威胁过她，也处罚过她，但所做的一切都只是徒劳。她告诉培训班里的同学：

有一天，我决定放弃，不再管束劳莉。她和我顶嘴，没有做完该做的家务就离家和伙伴玩耍去了。她回到家的时候，我真想向她发出一万次吼叫，可我已经没有力气这样做了。我只是看着她，伤心地问了声："劳莉，你为什么要这样？"

劳莉觉察到我的变化，她温和地问我："你真的想知道为什么吗？"我点了点头。劳莉开腔了，开始时语气犹疑，不一会儿她的话语就倾泻而出。这之前都是我说话，我告诉她不该做这、应该做那。每次她想表达自己的想法、感受或是观点的时候，我总是以命令打断她。我开始意识到她需要我，她需要我成为她的知己，而非霸道的母亲，她需要我倾听她成长中遇到的困惑。可我一直都是在训话，从来都没有倾听，没有给她机会诉说。

从那时开始，我一直把说的机会让给劳莉，她告诉我她内心的感受，而我们之间的关系也因此大大地改善。她又变得乖巧、听话了。

纽约一家报刊在金融版刊出一则巨幅广告，聘请能力非凡、经验丰富的人才。查尔斯·T.库贝利斯决定应聘，并向相关单位发出了自己的简历。数天之后，他收到回复，通知他去面试。前往面试之前，他花去数个小时在华尔街遍搜该公司老板的点点滴滴。面试时，他是这样说的："能够结识你应该是我莫大的荣幸。我知道你二十八年前起家时仅有一间房、一名速记员。我没说错吧？"

几乎每一位成功人士都喜欢缅怀他早年奋斗时的艰辛。此人也不例外。他告诉库贝利斯先生，他是如何以四百五十美元现金和一个自己萌发的主意挖掘到第一桶金的。他向库贝利斯诉说自己克服沮丧、抵抗嘲讽的心路历程;他每天工作十二至十六个小时,没有周日和节假日,就这样,他战胜了一切困难,成就了辉煌。当今,华尔街最优秀的高层主管们均向他讨教资讯、寻求指引。他滔滔不绝,骄傲于自己如此灿烂的人生记录。他确实具有骄傲的权利,所以诉说过程中他显得意气风发。末了,他只是简短地询问了库贝利斯的工作经历,然后叫来其中一位副手,交代说:“我认为他就是我们的合适人选了。”

没错,库贝利斯先生费了些周折探寻其未来雇主的业绩,但这一举动透出了他的个人魅力:关心他人,并且鼓励对方在交谈中唱主角,从而给对方留下了非常好的印象。

罗伊·G. 布拉德利的角色则正好相反。当一位应聘者向其所在公司述职时,他只是充当了一位优秀的勘探员的角色。他告诉我们:

我们这家证券经纪公司规模很小,所以不可能给予员工诸如招待性旅游、医疗保险等工资以外的附加福利。其实,公司里任何一位销售代表就是一个独立的证券经纪人,我们甚至不能够像大型证券公司那样为他们做广告宣传。

我们看中了应聘人理查德·普赖尔,因其工作经历和我们的理念很对路。在首轮面试时,我的助手就告知了他相关的种种不利。当他走进我的办公室时,我感觉他的神情有点儿沮丧。我向他提及就职于我们公司的一个好处,那就是,雇员其实是独立的承包人,等于是自我雇用。

在他向我分析自我雇用优势的同时,他也说出了自己对每一项不利因素的看法,这期间,他似乎是在自说自话,有好几次我都有种参与讨论的冲动,但还是忍住了。在接近面试尾声时,我感觉他已经说服了自己,他愿意在我的公司工作,且完全是出于他自己的意愿。

当时,我是一个非常不错的倾听者,大部分时间里都是让应聘者说出自己的想法,最后才得以让他作出积极的响应,这于他来说是一个挑战,但这个挑战也是他自己发起的。我们雇用了他,目前他已经是我们公司出色的销售经纪人。

哪怕是朋友之间的闲谈,人们亦更愿意说出自己的成就,而非静听对方的自夸。

法国哲人拉·罗什福科说过:如果你想树敌,那就去超越你的朋友吧;如果你想交友,那就让你的朋友超越你。

这是真理。为什么?因为当我们的朋友超越我们的时候,他们有种尊荣感。但是,一旦我们超越了他们,他们或者他们当中的一部分,就会感觉自己低人一等,从而心生妒怨。

汉丽埃塔是纽约市米德唐人力资源公司最受欢迎的实习顾问,但此前这一美冠并不属于她。在工作的最初几个月里,汉丽埃塔在同事中结识不到任何一个知己。为何?因为她每天都在抱怨工作:实习安排、账户开设等。

汉丽埃塔向培训班同学谈及她的体会:

我很胜任自己分内的工作，并引以为荣，可我的同事们并不赞赏我，相反，他们忌妒我。我想得到同事的认可，我真希望他们是我的挚友。在培训班上，我学到了一些待人处事的技巧，于是，我开始在同事堆里少谈自己、多些倾听。同事们都有各自引以为傲的事情要说，较之听我自吹自擂，他们在细说自己成就的时候显得更加兴奋。现在，每当我们有空余时间闲聊的时候，我总是要求他们将自己的喜悦和我分享，而我呢，只有当他们提出要求的时候，我才提及自己的成就。

原则之六：交流时让对方唱主角

7

争取合作

你自己想出了一个主意，别人也将一个主意写好放在银盘里递给你，哪一个主意你更信任一些？难道不是前者吗？如果是前者，难道我们不该想方设法让自己的意见从他人的口中说出来吗？我们只是提出建议，让别人得出结论，这岂不是更明智？

学员阿道夫·泽尔茨来自费城，是一家汽车公司展厅的销售经理。有一天，他感到自己必须要给一群纪律涣散、垂头丧气的销售人员打打气。在会议上，他一再促使这帮人说出他们对他本人确切的期望。他将人们说出的方方面面一一写在黑板上。接着，他开腔了："你们期望在我身上体现出来的品质，我会让你们看到的。现在，我要你们告诉我，我该对你们有何期望。"答案很快便有了：忠诚、老实、乐观，以及有开拓精神、团队合作精神，每天精神饱满地工作八个小时，等等。会议结束时，全体人员都焕发出一种全新的士气，其中一人还自愿每天工作十四个小时。从此以后，销售业绩节节攀升。

泽尔茨先生认为："这帮人其实是在和我做道德交易。只要我能做到自己应该做到的，他们也会下定决心做好他们自己应该做的。让他们说出愿想和期望,就好比在他们的手臂注入他们所必需的兴奋剂。"

没有人喜欢那种被买或是被要求的感觉,我们更乐意于出于自愿的购买,或是源于自身想法的行动。我们喜欢别人问及我们的愿望和想法。

尤金·韦森的个案就是典型的一例。在懂得上述道理之前,他的经济损失无法估量。韦森专为纺织品设计风格典雅的图案,然后将作品卖给有关的工作室。有那么三年的时间,每周他都去拜访纽约一家时尚设计室。"老板从不拒绝见我,"韦森告诉我,"可他就是不买我的作品。他总是在仔细翻看我的草图之后说:不,韦森,我想我们的理念直至今天都还没有走到一块。"

韦森经历了一百五十次的失败。之后,他意识到自己的心智一定出了毛病。于是,他决定每周花上一个晚上来进修人际沟通的课程,以期帮助自己开拓思维、焕发新的活力。

他决定尝试一下上文所述的沟通原则。他腋下夹着一叠尚未完稿的设计图案,冲进那位买家的办公室。"请你帮帮忙,如果你乐意的话,"他说,"这些是我还没有完全设计好的图案。你能否告诉我该怎样处理这些图案才得以让你采用?"

买家瞧了图纸好一会儿,一言不发。最终,他说话了:"韦森,这些图纸先放我这儿吧,过几天你再来一趟。"

三天之后,韦森来到买家处,获知一些修改意见后便着手设计图案。其结局怎样呢?买家全盘接受。

这之后,买家给韦森下了不少的订单,而韦森呢,他遵照买家的要求设计图案。"我知道了自己之前为何总是失败,我总是迫使他买我认为他应该买的东西。现在，我完全改变了销售方法。我让他给我出主意，这样做会让他感到是他自己在进行设计和创作。事实就是这样，我没有向他强行兜售，可他就是买了我的设计。”

韦森这一处事原则不仅适用于工作和政治生活，而且还适用于家庭生活。来自俄克拉何马州塔尔萨的保罗·M.戴维斯告诉培训班里的同学们：

> 一直以来，我都梦想参观一些历史名胜，例如葛底斯堡的内战战场、费城的独立厅，以及我们国家的首都。而弗吉山谷、詹姆斯小镇，以及在威廉斯堡里重修的殖民山村，则一直是我旅游清单上的首选。
>
> 三月的时候，我太太南茜向我说起我们的暑期旅游计划，她想去西部各州走走，例如新墨西哥州、亚利桑那州、内华达州等。好些年以前，她就梦想去那几个州的名胜转转。显然，我们不可能同一时间遂两个人的心愿。
>
> 我们的女儿安妮在上高中，刚刚学完美国历史，所以对影响国家发展的每一个事件都颇感兴趣。我问她下一个假期是否愿意去那些历史胜地看看，她说她乐意。
>
> 两天之后，在我们用晚餐时，南茜说如果我们都同意的话，这个暑假我们去东部旅游，这一提议不仅让安妮而且让我们都兴奋不已。我们大家一致赞同这一旅游路线。而事实证明，那是我们全家所有旅行中最令人愉悦的一次。

同样，一位X光放射机生产商，运用这一策略成功地向布鲁克林区一家大型医院销售了他的产品。这家医院当时正在扩建,准备设立全美最完善的X光放射科。其负责人某博士当时正厌烦于各色行销代表的游说,他们都在极力夸耀自己所出售仪器的优良功能。

这当中的一位营销代表深谙人际关系处理的技巧,在人际沟通方面较其他人更胜一筹。他给负责人写了这样一封信:

我们工厂最近上了一条新的X光机生产线,第一批产品刚刚运到分销处。我们认为质量还有待加强、性能有待改善。如果你能抽空给我们的产品进行全面的检视,并告诉我们该如何让仪器更加贴近你的工作要求,我们将不胜感激。明白你事务繁忙,所以我非常乐意在你认为方便的时候接你来我们公司面谈。

以下是那位医院负责人的叙述:

看到那封信时我感到惊讶;不仅惊讶,而且还钦佩。此前还没有哪位仪器制造商向我讨教过。那时,我整整一个星期都相当忙碌,但是为了检视他们生产的仪器,我还是取消了一次晚餐约会。对于他们的仪器,我越看越喜欢。

当时没有人试图向我推销,我只是感觉为医院购买他们的设备,完全是出于我个人的决定,是他们产品的高质量促使我"出卖"了自己。我最终给这家厂商下了订单。

拉尔夫·沃尔多·爱默生在其《自立》一文中说道:在天才的每部作品中,我们看到了曾被自身漠视的思想,这些思想带着一种陌生的神圣再一次回到我们的心灵。

伍德罗·威尔逊主政白宫时,爱德华·M.豪斯上校在国内外事务方面都给威尔逊总统施加了不少的影响。总统私底下向上校的讨教比向内阁成员的讨教还要多。

那么,上校是运用什么方法去影响总统的呢?上校曾向阿瑟·D.豪登·史密斯透露了细节,后者在《星期六晚报》上撰文援引了豪斯的话:

> 自打认识总统之后,我总是想方设法但又不经意地将一些想法移植到他的思维里,这些想法必须令他感兴趣,且要迫使他以他自己的方式去思考。我这种做法的第一次奏效纯属偶然。我去白宫拜访他,要求他执行一项政策,可他没有同意。不过数天之后,在晚餐时我却惊讶地听到他说出了我几天前的提议,当然那已经变成他的提议了。

豪斯可有打断总统,说"那可不是你的主意,是我的"?没有,豪斯没有这样说。他没有在意这一点,他只在乎结果;并且,豪斯再次向前迈了一步:他让威尔逊在公众场合说出"他的"想法。

请谨记:我们所接触到的任何一个人,都是如伍德罗·威尔逊一般的人。所以,让我们也运用起豪斯上校的技巧和人相处吧。

有一个来自加拿大美丽的旅游区新不伦瑞克的人,就是运用了这一技巧和我交往,而且还赢得了我的惠顾。那时,我正计划着前往新不伦瑞克划艇和垂钓,所以我去当地旅游局索取有关资讯,结果我的姓名和地址被列入了商家的广告对象。一时间,我收到了大量由旅游营地和机构寄出的信件和宣传小册子,我无所适从,不知该作出怎样的选择。这时候,有一商家做出了一个聪明的举动:他把好几位曾经在他的景点待过的纽约游客的姓名和电话号码告诉我,他提议我致电这些旅客,让我自己去评判他所提供服务的好坏。

让我惊讶的是,这其中的一名游客我居然是认识的。于是,我致电向他打听他度假时的感受。最后,我决定入住这个度假营,并通知了商家我具体的到达日。

只有这一个商家让我自己"出卖"自己,而其他人都是向我强行推销。当然是前者赢了这场争夺战。

二十五个世纪之前,中国的一位圣人老子就在人际关系方面道出了制胜的法宝,时至今日,本书的读者都应当将其运用起来:

> 涓涓细流汇入大江阔海。海纳百川的道理就在于,江河湖泊处于山涧溪流的下方,因此可以容纳后者。所以,哲人们若想凌驾于凡人之上,就必须先让自己处于下方。如此,尽管哲人位高权重,别人也不会感受到重压;尽管哲人先人一步,别人也不会认为受到伤害。

原则之七:让对方感觉他自己是建议的原创者

8

创造奇迹的良方

请谨记:别人的观点有可能完全是错的,但他们本人不会有这样的意识,所以不要去责备他们。只有傻瓜才会这样做。请尽量去理解他们,像睿智、宽容的哲人那样去理解他们。

别人那样做、那样想自然有其道理。仔细琢磨一下他思想和行为的动机,你就会得到一把洞察他人人格的钥匙。

请你真诚地换位思考。

如果你这样自语:如果我处在他的位置上,我该如何反应? 我会有怎样的感受? 那么,你就可以省却烦恼和时间。因为通过对根源的探究,你有可能不那么讨厌事情的糟糕结局,并且还能够大大地提升自己人际沟通的技巧。

肯尼斯·M.古德在其著作《成就伟人》中告诫我们:

> 请停下脚步、休息一会儿,将你自己最感兴趣的事物,和其他你不怎么关心的事物作一个对比。这样,你就会发现,世上每一个人的感受和你是一模一样的;如果你能够与林肯和罗斯福相伴,你就可以掌握人

际关系处理中最为本质的原则,即,人际关系的和谐有赖于你对他人观点的综合理解。

来自纽约州亨普斯特德地区的山姆·道格拉斯,以往总是抱怨妻子把时间浪费在家里的草坪上。她总是在拔草、施肥,每周还要剪两次草,可草坪并不见得比他们四年前搬进去住时好得了多少。当然,她很不喜欢听到他的抱怨。每次听到丈夫的抱怨,当晚两个人就没法好好相处。

经过我们的课程培训之后,道格拉斯先生才意识到这些年来自己的愚蠢举动。他从没有想过妻子其实是乐在其中,并且想得到他的赞赏。

有一天晚饭过后,道格拉斯太太说她想去除杂草,还邀请丈夫和她一起干。起先他并不乐意,后来转念一想,这是改善关系的好机会,所以就随着她一齐忙活去了。太太显得很开心,他们一齐干了一个小时,其间还进行了愉快的交谈。

这之后,道格拉斯先生经常帮助妻子打理园艺,还不断赞美她的活儿干得漂亮,草坪上的草长得有多油绿,而那儿的泥土原来就像混凝土般坚硬。结果呢?两个人都感觉日子比以往过得开心。道格拉斯先生学会了从妻子的角度理解问题,尽管这问题仅仅是关于杂草而已。

杰拉德·S.尼伦伯格在其著述《理解人性》中指出:

交流时,如果你表现出尊重对方的意见和感受的神色,那么,双方合作的机会就达成了。谈话伊始,务必请让对方明白你的意图和目的。当你是倾听一方的时候,请在说话之前斟酌你所希望听到的结局,同时接受对方的观点，这样有助于激励对方也以开放的心胸接纳你的观点。

一直以来，我都喜欢在家附近的公园散步或是兜风。我尤其喜欢园中的橡树，可是月复一月，我总是看见小树苗及矮树丛被不必要的大火烧光，我感到无比沮丧。烧毁树丛的大火火种，并不是粗心大意的烟民留下的，而是那些在公园里野炊的年轻人点燃的。他们在树丛中煮鸡蛋、烧烤法兰克福熏肠。有时候，炊烟酿成烈火，人们不得不急急忙忙求助消防队前去扑火。

公园的一侧竖有一个标示牌，警示任何人在公园玩火都有可能受罚或是入狱。不过，这个标示牌周围极少有人光顾，肇事者更不会对警示语多瞄上一眼。警察局派来一位骑警专职巡视这个公园，但他并不怎么尽职尽责，所以山火总是一个季节接一个季节地蔓延。有一次，我跑到骑警跟前，告诉他有一股火苗在公园里快速蔓延，我要求他赶紧通知消防局，可他显得若无其事，还说这不关他的事，因为那不是他该管辖的区域！我被他气晕了。打那以后，每当我在公园里兜风，我就如同一名自治委员履行起保护公园的责任。起初，我没有从别人的角度看待问题的起因，所以一旦看见树底下有一堆火苗，我便气愤，很想马上将别人的错误纠正过来，结果弄巧成拙。我追上那帮男孩，警告他们玩火者会被送进班房。我的语气生硬，官腔十足，孩子们当然是充耳不闻。若他们继续不听劝告，我就威胁说要逮捕他们。其实，我这只是在发泄自己的不满，我没有从他们的角度入手进行劝说。

结局怎么样呢？他们言听计从了，但只是带着怨恨和愠色的遵从。可能，只要我从山岗下来，他们就又会再次点燃树杈，甚至想让大火遍布整个公园。

好些年过去了，这期间，我懂得了一些人情世故，稍微掌握了一些处事的技巧，也更乐意从他人的角度看待问题。如果现在再让我碰到那帮小子，我会这样和他们说话：

嘿！小伙子们。玩得挺开心啊，晚饭你们打算做什么吃的？我小时候也喜欢玩火，直到现在我都还喜欢玩。不过，你们得明白，在公园里生火可是非常危险的啊。我知道，你们并不是想搞破坏，不过其他男孩玩起火来可不会像你们那样小心谨慎哟。如果他们经过这儿看见你们在生火，他们也会照样生火，而且，他们离开公园回家时也不会把火苗扑灭，这样可就把干燥的树叶点燃了，接着也就把大树给烧死了。如果我们不小心防火的话，我们这儿根本不会再长出任何树木来；而且，你们还会因放火而锒铛入狱。我真不想多管闲事扫你们的兴，我真的想你们玩得开心，所以，你们可不可以现在马上就把火堆周边的树叶扫到一边，当你们离开的时候可不可以再用泥土把树叶完全覆盖起来？当然要用很多泥土哟！下次你们想玩的时候，可不可以在山丘那头的沙坑里生火？那儿生火不会有危险……谢谢啦，孩子们。玩得开心点儿。

较之几年前我的鲁莽说教，这样的交流效果将是多大的不同啊！这样的交流方式会让孩子们都乐于听话、合作，他们不会有任何的不悦和怨恨，因为他们不是被迫遵守命令，我给他们挽回了颜面。由于我能够从他们的角度考虑处理问题的方式,我们双方皆大欢喜。

从他人角度换位思考,还可以缓和个人危机的紧张度。澳大利亚新南威尔士地区的伊丽莎白·诺瓦克,已经有六个星期没有及时偿还汽车贷款了。她告诉我们:

有个星期五,我接到一个语气很不客气的电话,致电人是专门负责我贷款的银行主管,他通知我说,如果截至下周一早上我的账户上没有出现一百二十二美元的还款,银行就会对我采取进一步的行动。那个周末,我根本就没有办法筹到一百二十二美元,所以周一早上那人再次致电我时,我作好了最坏的打算。我从他的角度考虑我的呆账问题,这样一来我反倒不那么沮丧了。我以非常诚恳的语气向他赔礼道歉,对给他造成的麻烦表示歉意,并且向他承认自己一定是他最为头疼的客户,因为我已经不止一次赊账了。听及此言,他的语气立即缓和了下来,还说我不是最糟糕的,更加令他头疼的客户大有人在。接着,他还给我举例说明:有好几位粗鲁的客户不诚实、说谎,还经常不接听他的电话。我只是听着,一语不发,让他冲我发泄完牢骚。结果呢,还没等我说出求情的话,他就反过来安慰我说,若我确实无法立即还清呆账也没有关系。他说,只要我在月底前偿还二十美元就行了,其余的欠款可以在我方便的任何时候还清。

有朝一日,若你要求别人扑灭火苗,或是购买你的产品,或是给你最为拥戴的慈善机构捐款,请闭上双眼静默一会儿,从别人的角度、立场掂量掂量整个事情的处理方式,然后自问一声:“他或她为什么应该那样做?”没错,这个过程要费点儿时间,但这样做可以化干戈为玉帛,还可以在少一些摩擦和碰撞的交流氛围里达成更好的效果。

哈佛大学商学院院长多纳姆曾言:

> 在接受面试之前,我宁可在主考官办公楼的人行道上来回踱步两个小时,也不愿脑子里一片空白就直奔考场。我必须在这两个小时内让自己胸有成竹:我该说些什么,我该怎样回答他的提问——从我所掌握的他或她的爱好及动机的角度。

如果阅读此书让你做到在保留自己观点的同时,逐渐学会从他人的角度思考问题,那么,这就可以说明,你在自己人生旅途中又迈上了一个新的台阶。

原则之八:真诚地换位思考

9

给予他人同情

你可想拥有一句魔语，让它为你避免争执、消除敌意、增进友情，并且让对方心悦诚服地倾听？

你想拥有吧？好吧，那就赠你这一魔语：我不会责备你的；要是换作我，毫无疑问，我也会如你一样的感受。

这样的回应可以软化哪怕是世上最无理取闹之人的心胸。你可以以百分之百的真诚说出那句话，因为换位思考，你也可以有像对方那样的感受。以本书第一章第一节里出现的人物阿尔·卡彭为例：假如你的生活环境、成长经历和他一模一样，那么你的结局与他没有二致。你不是一条恶毒的响尾蛇的唯一原因，就是你的父母亲都不是响尾蛇。

请谨记：你没有什么值得骄傲、备受他人尊重的可取之处；那些不可理喻地激怒你之人，是不会为自己的行为感到丢脸的。可怜可怜这些恶魔吧，和自己的心灵对话：看在上帝的分上，我放过他们。

你所接触过的人当中，有四分之三的人都渴求同情。请施予他们同情心吧，这样的付出会换来他们对你的拥戴。

我曾经在广播中评论《小妇人》的作者露易莎·梅·阿尔科特。我知道,她的不朽之作都是在马萨诸塞州的康科德完成的,可当时在广播里我没有经大脑思索便说出我去过她的老家——新罕布什尔的康科德。如果当时的口误仅只一次,那么人们不会那么轻易就记住“新罕布什尔”,可要命的是,我说了两次。结果,我招致铺天盖地的投诉信和电报,我那毫不设防的脑瓜子仿佛被成群的大黄蜂环绕,嗡嗡作响。投诉人大多数显得义愤填膺,说不定有些人还在内心里侮辱谩骂呢。有位居住在费城的女爵士,幼年时期曾经在马萨诸塞州康科德生活过,她在信中淋漓尽致地发泄了她对我口误的不满。若是当时在广播里我说阿尔科特小姐来自新几内亚的食人部落,恐怕这位女爵士会更加痛苦不堪。我一边读着她的来信,一边自言自语:我的上帝!幸亏我不是和这样的女人结为连理。我很想写信告诉她:尽管我在地理知识方面犯了错,但她在起码的礼仪教养方面犯了更大的错——这只不过是我在信首的表达。我还想进一步告诉她我真正的想法:诉诸武力。不过,我放弃了这样的做法。我最终控制住了自己的情绪,我意识到只有头脑热得发昏的笨蛋才会那样做。

我想成为聪明人而非傻瓜,所以我要下定决心努力将她的敌意转化为友谊。这于我是一个挑战,是一场竞技比赛。我对自己说:如果我是她的话,当时听到广播里的口误也会有那样的感受。于是,我决定从她的角度考虑、同情她。这之后,有一次我路经费城时给她致电。以下是我们的通话内容:

我:某某夫人,你好!数周前你给我写过一封信,在此我特向你表示谢意。

她:(语气显得果断、有教养)请问你的尊姓大名。

我:对于你来说我是个陌生人。我叫戴尔·卡耐基。之前的一个星期天,你听过我在电台里主持的节目,是有关露易莎·梅·阿尔科特的,在节目中我犯下了一个不可饶恕的错误,我把她早年的生活地点说成了新罕布什尔的康科德。这是个相当愚蠢的错误,我要为此而道歉。谢谢你抽空写信给我,指出我的错误。

她:对不起,卡耐基先生,当时我情绪失控,写出那样一封信。我必须向你道歉!

我:不!不!你不是该道歉的人,该道歉的人是我。任何一个学龄前儿童都应该知道那地方。在那次节目的下一个星期天,我就在广播里向听众道歉了。这次我是来亲自向你道歉的。

她:我是在马萨诸塞州康科德出生的。我的家族在那里整整显赫了两个世纪之久,我亦以我的出生地为荣,所以,当听你说到阿尔科特小姐在新罕布什尔生活过时,我真的是相当生气。不过,我现在真的为自己写出那样的信而感到丢人。

我:请你相信我,我和你一样生气,为我自己生气。我的错误没有伤害到马萨诸塞州,但真的伤到了我自己。很少有像你那样有地位、有涵养的人,不惜时间给电台的主持人写信。我真的希望,如果你再次听到我的错误,请你不吝赐教。

她:你知道吗?我真的很喜欢你,因为你接受了我的批评。你的为人一定非常不错。我真该多点儿了解你。

瞧，由于我的道歉，加之我能够从她的角度理解她，她也开始向我道歉，并且也从我的角度去理解我。我很满意自己控制住了情绪，更满意自己做到了以德报怨。我非常开心能够让她喜欢上我，这种开心是咒骂她、让她去跳河的快感无法比拟的，前者于我来说是一种极乐。

任何在白宫执政过的人，几乎每天都要面对人际关系方面的棘手问题。塔夫脱总统也不例外。不过，他从经验中学会了"同情"这一化学反应的巨大价值：它能中和仇恨的酸性。在其著作《服务伦理学》中，塔夫脱以风趣的语调讲述了他如何平复了一位失望而又不失抱负的母亲的怒气：

在华府有那么一位女士，由于其丈夫在政治舞台上有些影响力，她向我软磨硬泡长达六个多星期，为的就是要给她儿子安排职务。为保险起见，她说服一大批众、参两院的议员支持她，还要求他们陪同一起来见我，以示重视。其实，她儿子渴求的那个职位，要求从业人员具备一定的技术资格。基于该部门负责人的推荐，我物色了别的人选就职。不久之后，我收到了这位母亲的来信，信中抱怨我是最最没有良心之人；她认为我夺去了她作为女人、母亲的幸福，而她认为她的幸福于我来说是易如反掌之事。她还告诉我，她曾经不辞辛劳地动员她所在州的代表，为我尤为感兴趣的动议投以全票，而我呢，却不给她儿子安排他所心仪的职务——这就是我对她的"报答"。

当你收到类似这样的来信，你的第一反应一定是：和这么一个不知轻重，甚至有那么点儿鲁莽无礼之人打交道该有多么痛苦。你有可能会很不理智地即刻回信。如果你足够明智的话，最好是把回信搁在抽屉里锁起来。过两天,你再拿出回信看看,因为类似情形的情绪表达往往要有两天时间的消化;这时候,你就会认为信件已经没有必要寄出去了。这正是我本人的真实经历。这之后,我坐下来,以尽可能礼貌的方式给她回信,告诉她我能够理解一位母亲在当时情况下的失落心情,还告诉她那个职位确实不是我个人就可以决定得了的,那是一个技术工种,只有具备资格的人才能胜任,所以我只能依据该部门负责人的举荐来定夺人选。我希望她儿子能够一如既往地在现有岗位上朝着她所设定的目标迈进。我的回信终于平复了这位母亲的心绪,她回复我说,对自己此前的言论深表歉意。

不过,在那个职位候选人的考察期,我又收到了以该女士的丈夫名义发出的信,但笔迹和之前所有的来信没有二致。"丈夫"在信中告诉我,由于经历了极度失落,她的身体出现虚脱,现在已经卧床不起,还患上了胃癌晚期。"他"请求我撤下那个候选人而由他的儿子顶上那个职位。就这样,我不得不再次回信,不过这一封我确是写给她丈夫的。我在信中说,但愿医生对他妻子病情的诊断有误。我还表达了对他们的同情,我说能够体会到作为丈夫对自己妻子病痛的忧伤。但是,我明确告知,将那位候选人撤下而换成他们儿子的做法是不可能的,因为他已经通过了试用期。在我收到那封"丈夫"来信的两天后,白宫举行了一场音乐会。猜猜看,那天首先问候我们夫妇俩的人是谁?就是那对夫妇!尽管那位太太最近"百恙缠身"!

杰伊·曼格姆是俄克拉何马州塔尔萨地区一家电梯修理公司的业务

员，和塔尔萨一家高级宾馆有业务联系。有一次，该宾馆经理很不乐意将电梯关闭两个小时来进行维修护理，他认为那样会给住客带来不便。可是，电梯的维修护理至少要八个小时，而曼格姆先生所在的公司又不可能在宾馆方便的时间内让资深技工随时候命上岗。

曼格姆先生安排了一位技术一流的技师来维修这家宾馆的电梯。不过，在通知开工的电话里，他并没有向宾馆经理强调修电梯所需要停机的时间。他说：

里克，我知道宾馆里人来人往，我也明白你想将停机时间缩至最短。我理解你的担心，我们会尽一切努力配合你。据我们现在对电梯运行状况的判断，我们认为如果这次维修不彻底的话，宾馆电梯的磨损会更加严重，还有可能造成更长时间的停机。我想你不会乐意看到电梯关闭好几天，从而给住客带来极大的不方便吧？

就这样，这位经理不得不同意让电梯停机八个小时，因为这远比停机数天要好得多。通过理解和取悦对方，曼格姆让这位经理在毫无怨言的情况下就认可了他的决定和工作计划。

乔伊丝·诺里斯是密苏里州圣路易斯地区的一名钢琴教师。她的学生芭贝特的手指甲非常长，这对任何想养成良好习惯、弹上一手好琴的人来说都是严重的障碍。她向我们讲述了教育这位问题钢琴女孩的经过：

我知道，她的长指甲会影响她成为一名优秀的钢琴手，不过，在她开始跟我学习钢琴之前的谈话中,我只字不提她的长指甲。我不想打消她学琴的积极性,我也明白,她不愿意把长指甲剪短,因为那是她精心修护的成果,是她引以为傲、令人艳羡的宝贝。

第一次钢琴课结束后,我认为那该是谈正事的时候了。我说:"芭贝特,你的双手好有魅力哟,手指甲漂亮极了。你在弹钢琴方面很有天赋,而且有可能弹得如你期冀的那样好。如果你可以把指甲修剪得短一些的话,你就会惊讶地发现,原来你可以又快又轻松地把弹琴绝活学到家。好好考虑一下,好吗?"她向我做出了一个明显的否定表情。这之后,我和她母亲也谈到了她的指甲问题,当然,同时也不忘赞美了一番。女孩还是不愿意听从劝告,很显然,这修剪整齐的漂亮指甲于她非常重要。

第二周,芭贝特来上第二堂钢琴课,让我感到惊讶的是,她的指甲居然剪短了。我表扬她为弹琴而作出的牺牲,同时,我还感谢芭贝特的妈妈在这件事上的影响和协助。但妈妈却说:"噢,我可没有督促过她,是芭贝特自己决定要这样做的,这可是她第一次听从别人的劝告而剪短指甲呢。"

诺里斯夫人威胁过芭贝特吗? 她可有说过不教留长指甲的学生弹钢琴? 没有,她没有那样做。她让芭贝特明白,指甲一方面很漂亮,但另一方面她的指甲又不得不剪短,所以必须作出牺牲。她向芭贝特暗示:我理解你,我知道让你剪短漂亮的指甲很不容易,但剪短指甲可以为你带来丰厚的回报,这样有利于你音乐天赋的发展。

索尔·胡洛克可谓是全美首屈一指的剧院经理,他和闻名全球的艺术家打交道了近半个世纪,如夏里亚宾、伊莎多拉·邓肯、帕夫洛娃等等。胡洛克先生告诉我,在和这些喜怒无常的明星们打交道的过程中,他所得到的经验之一就是理解——理解、理解、再进一步地理解,理解明星们的习性和追求。

胡洛克先生为夏里亚宾做了三年的经纪人。后者是著名的男低音歌唱家之一,他在大都会剧院的演唱,曾令豪华包厢专席里的观众神魂颠倒。然而,他总是发生状况,问题不断,其行为举止就像个淘气顽皮的孩子。按照胡洛克先生独创的说法,“他是个彻头彻尾的坏蛋”。

例如,在即将演出的当天中午时分,夏里亚宾给胡洛克先生去电,说:“索尔,我感觉很糟糕,我的喉咙像被刀子割了那么疼。今晚我不能登台演唱了。”听到这样的诉苦,胡洛克先生会和他在电话里争执吗?当然不会。他明白,作为一个企业家,不能够以那样的方式和艺术家打交道。每当遇到这样的情形,他都会来到夏里亚宾下榻的酒店,以理解、同情的语气关心地说:“噢,我可怜的小伙子,当然,你是不能登台演唱了。我马上就去取消这场演出。这会给你带来数千美元的损失,不过,相对你的声誉而言,这点损失算不了什么。”

这时,夏里亚宾往往会叹一口气,说道:“晚些时候,你再来一趟吧。五点吧,到时看看我的感觉怎样再说。”

五点,胡洛克先生再次来到酒店。同样,他会表达理解和同情,并坚持要取消当晚的演出。同样,夏里亚宾还是会叹口气,说:“好吧,晚些时候你再过来看看,或许那会儿我感觉会好一些了。”

七点半时分,这位男低音歌唱家终于要出场了,不过,他的条件是胡洛克先生必须在大都会剧院的舞台上告诉观众,他得了重感冒,嗓音状况有些不佳。胡洛克先生只有应允;他只有向观众说谎,因为他明白,这是让夏里亚宾登台的唯一办法。

阿瑟·盖茨博士在其著作《教育心理学》中指出:全人类都渴求同情和理解。为了获得巨大的同情,孩子会向别人展示伤口;出于同样的目的,成年人也会向他人展示创伤,诉说所遭遇的事故、病痛,尤其是外科手术中的种种细节。人人都会为或真或假的不幸而“自怜”。

所以,如果你想让对方认同你的想法,请“自怜”。

原则之九:理解他人的想法及期望

10

向对方提出人皆向往的高尚请求

我的童年是在密苏里州杰西·詹姆斯农场附近度过的。我去过詹姆斯家族在卡尼地区的农场，那时，杰西·詹姆斯的儿子就生活在农场里。他的太太给我讲述了一些有关杰西的故事：劫火车、抢银行，将所得钱财分给周边的农民，让他们去偿还抵押贷款。

杰西·詹姆斯大概将自己看成理想主义者，这和达奇·舒尔茨、“双枪”克劳利、阿尔·卡彭，以及其他有组织犯罪的那些“教父”们的想法如出一辙。在他们自己的设想中，所有人都应该将他们视为高人一等、大公无私的良民。

J. P. 摩根认为，人们做事情往往出于两个理由：一是体面，二是值得付出。

当事人自己会考虑是否值得做，所以你没有必要向他强调理由。我们所有人都会出于理想主义的考虑，为所做之事冠以体面的理由。所以，如果你想要改变他人，请以崇高的动机吸引他或她。

这种策略运用到商务中是否太理想化了？那就让我们以法雷尔先生的实例说明一下吧。汉密尔顿·J. 法雷尔在费城开了一家租赁公司，他有一位租客不满意所租住所，扬言要搬出去。尽管租赁期仍然剩下四个月，这位租客还是坚持要立即搬出，任由房子空置下去。

法雷尔先生告诉我们培训班的同学：

这家人在我的房子里住了整个冬天，那是全年房租最昂贵的季节。如果他们搬出去，我很难在秋天之前再把房子租出去。眼看着要到手的钱打了水漂，我急红了眼。

不过，我没有和他们大吵大闹，我决定另谋对策。我是这样说的："多伊先生，我知道你的处境，但我还是不相信你会搬走。这些年来的租赁生意，让我看到了一些人性的光辉，我一眼就能看出你是个遵守诺言的汉子。我非常相信自己的感觉，我愿意赌一把。"

"听着，这是我下的赌注：请你认真考虑考虑，若你在下个月一号之前，也就是该交房租之前来找我说还是要搬走，我无话可说，我会让你搬走。那时，我只有承认自己今时今日对你的判断有误。不过，我还是相信你是个汉子，你会说话算数，一直住到合同期满才搬走。毕竟，我们要么是人，要么是猴子——选择做人还是做猴子，完全出于我们自己的选择。"

嘿嘿，新的一个月开始了，这条汉子来见我，亲手把租金交给我。他告诉我，他和妻子商量后决定继续租住下去。他们认为，在租房问题上唯一能让他们感到荣耀的，就是要坚持居住至合同期结束的那一天。

已故的诺思克利夫勋爵有一天发现，一家报刊登出了一张他不愿公之于众的照片，于是他去信当事编辑。不过，他并没有这样写："请不要再刊登我的照片；我很不喜欢你们这样做。"他给对方发出一个崇高的、我们人皆有之的请求——对母亲的尊重和挚爱。他写道："请不要再刊登我的照片；我母亲不喜欢那样做。"

小约翰·D. 洛克菲勒也不愿意报纸刊登他孩子的照片。同样，他也是以崇高的理由予以拒绝。他并没有这样说："我不愿意他们的照片曝光。"没有，他没有这样说。他请求报界不要伤害孩子，这正是我们大家内心深处的愿望。他说："伙计，你该明白这样做的后果。你自己也有孩子，你该明白让小孩备受公众关注并非好事。"

《星期六晚报》及《淑女之家杂志》出品人塞勒斯·H. K. 柯蒂斯，在其事业起步之时只不过是缅因州的一个穷小子。那时，他根本无法像其他杂志出品人那样为撰稿人支付丰厚的稿酬，他也不可能聘请一流作家仅仅是出于赚钱的目的而为他的报刊、杂志写稿。他只能以崇高动机的名义，激发作家们为他的报刊撰稿。

有一次，他居然说服了不朽之作《小妇人》的作者露易莎·梅·阿尔科特为他的杂志撰稿。其时，阿尔科特女士在文坛正声名鹊起，但柯蒂斯开出的稿酬却只有区区一百美元——这张支票并非阿尔科特女士的报酬，而是给她最为钟情的慈善事业的捐款。

当你阅读至此，或许会有所疑惑：嘿，这些煽情的东西，只适合于诺思克利夫和洛克菲勒，或是哪一位小说家。我倒是想看看，你怎样运用这一策略去和那些蛮不讲理的人打交道。

你的想法或许没错。确实，没有哪一项原则"放之四海而皆准"，更何况并非人人都适用于同一原则。如果你对当下的结果感到满意，为何要做出改变？而如果你感到不满意，那又为何不去试一试呢？

不管怎么说，我认为你一定会对以下的故事感兴趣，这是我以前的学生詹姆斯·L.托马斯的真实经历。

六位顾客拒绝向一家汽车公司支付服务费，他们当中没有任何人对整个账单提出异议，但每一个人都认为其中的一项收费是不应该的。但是，每一位顾客都签字认可了当时所得到的每一项服务，所以汽车公司理所当然地认为各项收费无误，公司亦是这样给顾客解释的。（这已经是公司的第一个错误了。）

以下是公司财务部人员向顾客索讨欠费的工作方式。你认为他们可以如愿吗？

1. 他们去一一造访这六位顾客，劈头盖脸就来这么一句："我们是来索取欠费的。"

2. 他们明确表示，公司方面绝对没错，一定是正确的，这也就是说，顾客绝对是搞错了，一定是错了。

3. 他们进一步暗示，在汽车知识方面，公司比顾客懂得要多，所以顾客还有什么可争执的？

结果是：双方争执不下。

这些工作方式可以缓和顾客的情绪，让他们付清欠款吗？你自己想想看。

事情到了那个分上，财务部经理准备请一个律师团向顾客开战。幸亏，公司总经理知道了这事。他调查后发现，这些拖欠公司款项的顾客都有良好的还贷记录。问题就出在这里,催缴欠款的方式彻底错了。总经理把詹姆斯·L.托马斯叫来,要求他去催收那些“呆账”。

以下是托马斯先生的自述:

同样,我造访了每一位长期欠款的顾客,对于他们的欠款,公司方面是绝对没有算错的,不过我压根就不提这一点。我告诉他们,我造访的目的是想看看公司为他们做了些什么服务,以及看看公司是否遗漏了该做而没有做的服务。

我向顾客明确一点,在没有了解整个事情经过之前,我不会发表任何意见。我还告诉他们:公司并没有说自己一贯是正确的。

我告诉顾客,我只对他们的车感兴趣。他们比任何人都更了解自己的座驾,在这一方面他们是权威。

我让顾客表达意见,我以极大的理解和兴趣倾听——这正是顾客所希望看到的。

最后,当顾客的情绪趋于理智时,我提请他们以公平的心态理解整个事情。我向他们发出崇高的呼唤。我说:“首先,我想让你知道,我也认为这件事情之前处理得很糟糕,那位工作人员给你带来了不便,让你气恼。作为公司的一员,我在此向你道歉,保证不会再有类似的事件发生。当我坐在这儿听你讲述整个事情的经过时,你的通情达理和耐心深深地打动了我,因为在某些方面你比其他人都做得要好,你比其他人懂得更多。这是公司给你开列的账单,里面表明了为你提供的各项服务。我明白,应该先让你过目确认,如果你是公司老总的话,你也会这么做的。我把账单留在这儿,你看过之后有什么想法请告诉我。”

这些顾客付清欠款了吗?当然付清了,而且是一次性付清。这些欠款数额从一百五十至四百美元不等,当中只有一人对有异议的收费拒绝付款,其余五人都是全额缴付。而整个事件的后续精华是:这六位顾客在之后的两年内,又在我们公司购买了新车。

经验告诉我,当我们对顾客的为人一无所知时,我们唯一的基准就是要相信他或她是真诚的、老实的、可信赖的;并让他或她相信自己的行为举止是光荣的、正确的,他或她都会乐意尽快付款。或许换句话,我可以表达得更为清楚:人是诚实可信的,人人都乐意履行自己应尽的义务;例外极少。我相信,对于那些顽固分子,如果你告诉他,你认为他的人品是诚实的、高尚的、通情达理的,在大多数情况下,他都会对你言听计从。

原则之十:唤起对方高尚的动机

11

模仿影视作品，演绎你的想法

数年前，费城的《晚报》被坊间的闲言碎语恶意中伤，谣言满天飞：广告商认为，报刊不可能再吸引到读者的眼球，因为广告占据了报纸的半壁江山，而新闻则少得可怜。看来，《晚报》必须采取必要行动，才能制止谣言的进一步扩散。

可是，该如何行动呢？《晚报》的出品人是这样做的：主编将某天报纸所有栏目里的内容剪辑、分类，以书的形式出版，书名为《一天》，总共三百零七页，像一本精装书那么厚。但该书仅以几美分售出，而非几美元。

该书的出版发行让广大读者确信：《晚报》载有大量有趣的阅读材料可供读者欣赏。较之寥寥数页的数据分析及空谈，书所传达的事实真相更为生动、有趣，且更震撼人心。

图书出版的当天，可谓是《晚报》"戏剧化"的一天。仅仅罗列事实真相，是不足以说服读者的，事实真相必须要演绎得生动、有趣、逼真。你必须运用演艺技巧加以表现。电影就是这样拍出来的，电视剧也是这样制作的。所以，如果你想获得他人的眼球关注，你也得这样做才行。

橱窗展示方面的专家，非常知晓戏剧化的威力。例如，有种毒杀老鼠的新诱饵面世了，其制造商让经销商在橱窗里放置两只活老鼠。结果，新诱饵当周的销售量同比上升了四倍。

电视广告在营销产品时最常运用到戏剧化的技巧。你不妨花上一整晚坐在电视机前，细细分析一下广告商的表演。演示者将所要兜售的抗酸药放在试管里，试管里的酸性物质即刻改变颜色，而其他类似产品却不可能让试管里的酸性物质有任何反应。你还可以看到某种品牌的肥皂或是清洁剂，将一件油腻腻、脏兮兮的衣服清洗得洁白如新，而另一品牌的却怎么也搓除不掉衣服上的污渍。还有，小轿车操纵杆的现场演示：汽车在数个弯道和陡坡上自如地变速、滑行，这远比干巴巴的讲解效果要好得多。精彩纷呈的产品展示都有一个共同的场景：广告人脸上充满着幸福的笑容。这一切只为了一个目的，那就是生动逼真地让观众相信产品的优越性；而广告商确实能够遂愿，观众最终掏腰包买下了他们的产品。

所以，你也可以让自己的想法经由戏剧化的演绎，而让他人乖乖地接纳，无论是在商务还是日常生活中，你都可以这样做。不费吹灰之力，你就可以做到这一点。以吉姆·伊曼斯的经历为例。吉姆是弗吉尼亚州里士满地区一家收款机公司的营销人员。他告诉我们：

上周，我在附近的一家杂货店发现，该店使用的收款机相当破旧。我走到店主跟前，说道："顾客每结一次账，你就会损失好些美元。"我一边说，一边将满手的硬币扔到地上。旋即，店主变得警觉起来。我的话语有可能引起了他的注意，但真正让他停下手中活儿的，是硬币落地时发出的撞击声。就这样，我得到了他的订单——他要更换掉所有的收款机。

戏剧化的演示技巧,同样可以运用在家庭生活中。古时候,男士向其心上人求婚的时候仅限于言语的表达吗?当然不是!他要跪下双膝,这样才显示出求婚者的诚意。现在,我们向心上人求婚时不再下跪,不过,好些男士在求婚前都会营造出温馨浪漫的氛围。

同样,在孩子们面前,你也可以将自己的想法进行逼真的演绎。来自亚拉巴马州伯明翰地区的培训班学员小乔·B.范特,总是没法教育好自己五岁的儿子及三岁的女儿收拾玩具。后来,他发明了一种“火车”,儿子乔伊是工程师兼列车长。夜晚,女儿珍妮特的小货车拴在乔伊的三轮车后面,乔伊骑着三轮车拖着珍妮特沿路捡拾“煤渣”。就这样,不需要大人的说教、威胁和争吵,遍地玩具的房子一下子就收拾干净了。

印第安纳州米沙沃卡地区的学员玛丽·凯瑟琳·伍尔夫在工作上遇到了麻烦,她决定和老板好好谈谈。一个周一的早晨,她和老板预约谈话的时间,老板告诉她他很忙,要她过几天和秘书商量;而秘书告知她老板的事务排得满满当当的。伍尔夫女士告诉培训班的同学:

> 整个星期我都没有得到老板秘书的具体答复。无论我什么时候去问她,她总是以各种理由拒绝让我和老板见面。直至星期五的上午,我仍然没有得到具体的答复。我真的希望在周末之前见到老板,和他好好谈谈自己工作当中遇到的问题。我自问:该怎样才能让老板见上我一面呢?

最后,我来了这么一招:我给他去了一封很正规的信。在信中,我充分表达了对他忙忙碌碌整整一周的理解,同时也告诉他我和他沟通的重要性。我随信附上一张写有我信箱号码的回邮信封和一张回执,回执是这样写的:

伍尔夫女士,我可以在____(地点)于____(时间)和你见面。我可以腾出____分钟和你谈谈。

我请求他或者是他的秘书,填妥回执并寄回给我。我于上午十一点将此信放进他在公司的信箱里,下午两点,我便在自己的信箱里看到了他的回信。回执是他自己填妥的,告知我当天下午他可以见我,会面时间总长十分钟。下午我去见他,谈了一个多小时,我的问题最终得以解决。

假若我没有采取行动而一味被动等待,恐怕此刻我还是在等待老板的答复中。

詹姆斯·B.博因顿所在的公司,刚刚对一知名品牌的润肤膏进行了细致的调研,因为他要向目标代理商呈交一份详细的市场调查报告,从而说服他代理这个品牌的产品。然而,这位代理商在广告界是出了名的硬骨头,博因顿先生和他的首轮沟通几乎还没有开始便夭折了:

当我一踏进他的办公室,便发现自己沟通的内容偏离了主题:我们在争执调查方式的对与错。他说我的方法不对,我反驳,和他较劲,试图证明自己的方法是对的。

最后他认输了,这总算如我意了。可是,会面的时间也快结束了,根本不可能继续深入会面的主题。

第二次见面,我不直接和他探讨销售额,也不谈调查报告,我将调查所得的事实进行演绎。

当我走进他的办公室时,他正忙着和别人通电话。等他的通话一结束,我马上打开箱子,将整整三十二瓶润肤膏倾倒在他的书桌上——所有这三十二个牌子的润肤膏他都熟悉,都是他的竞争对手。

在每一个瓶子上我都粘贴着一张纸条,上面标明了那个品牌在此次调查中的结论,并对其来龙去脉进行了简短的说明。

结果怎样呢?我们之间再也没有了争执。这样的演绎对他来说是全然不同的新鲜事。他拿起一瓶润肤膏,又再拿起一瓶润肤膏,细细阅读标签上面的文字。我们的交流变得友善起来。他还询问了其他一些问题,显然,他对这个品牌的润肤膏产生了浓厚的兴趣。原先他只允许我在十分钟内完成调查的陈述,可是,十分钟过去了,二十分钟过去了,四十分钟过去了……一个小时过去了,我们仍旧在讨论。

这一次,我所要做的事和上次会面时的一模一样,不过,这一次我运用了戏剧化的表演技巧,之间的效果差别是多么不同啊!

原则之十一:让你的想法形象化

12

当走投无路时，请试试激发挑战心理

查尔斯·施瓦布开了多间工厂,其中一间的负责人发现工人总是没法将产量提升上去。

施瓦布问负责人:“怎么会是这样呢? 你这么能干,怎么就不可以将工厂的生产能力提升至该有的水准?”

“我也不明白呀,”负责人答道,“我哄也哄了,逼也逼了,骂也骂了,甚至威胁说要裁员了,可这些方法都不管用。工人的生产积极性就是不高。”

这两个人说话的当儿,正值白班和晚班的交接时段。施瓦布叫负责人找来一支粉笔,然后问身边的工人:“今天你们这一班的产量是多少?”

“6 件。”

施瓦布一言不发,拿起粉笔在地板上写了一个大大的“6”,继而离去。

晚班的工人到岗了,看到了那个大大的“6”,问起别人其中的意味。

“老板今天来过了,”上白班的工人答道,“他问起我们今天的产量,我们告诉了他这个数字,他便把它写在地板上了。”

次日上午,施瓦布再次来到工厂,发现晚班工人已经将地板上的“6”抹去,并改成一个大大的“7”了。

自然,白班工人也看到地板上这个大大的“7”了。他们想到晚班工人干得比他们出色,于是他们自勉:我们这一班要干得更好,至少要增加一到两件。由此,全体人员气势高昂,当夜晚下班时分,产量飙升到“10”。就这样,工厂的产量日益提高。

很快,这间工厂的产量一下子攀升到了前茅,将其他工厂抛在后面。

施瓦布采用的是何种策略呢?还是让施瓦布亲口告诉我们吧。

我的方法就是刺激人们的竞争意识,让他们有种超越的渴望,而非对金钱的低俗追求。

超越的渴望!挑战!发出挑战!一种呼唤激情的方法,万无一失的方法!

如果没有挑战的出现,西奥多·罗斯福永远不可能成为美国总统。罗斯福从古巴回国不久,即当选为纽约州州长。可是,反对派发现他已经不再是纽约州的长期居民,罗斯福害怕了,想放弃州长职务。这时,代表纽约州的国会参议员托马斯·科利尔·普拉特突然向罗斯福发起挑战。他大声质问道:“你到底是英雄还是懦夫?”

就这样,罗斯福只有坚持应战,从而成就了这之后的美国历史。这次应战,不仅改变了他的人生,还使得他的国家发生了实质性的变化。

古希腊国王的卫士们心中都装着这个座右铭:所有的人都有畏惧,但勇士会忘却畏惧而勇往直前;死亡在所难免,但终究会走向胜利。还有什么比战胜畏惧这一挑战更加艰巨呢?

当阿尔·史密斯担任纽约州州长时，他向心目中的人选发出这一挑战：位于魔鬼岛西部的星星监狱在当时最为臭名昭著，那时，它急需一名合适的典狱长，因为在铁窗下、牢门内充斥着丑恶的交易和流言。史密斯需要一位强硬的铁腕人物管理这所牢狱。可是，谁才是合适人选呢？他想到了辛汉普顿地区的刘易斯·E.劳斯。

“你过来星星监狱当典狱长吧，”州长满面笑容地和眼前的劳斯说道，“监狱需要一位富有经验的勇士来管理。”

劳斯大为吃惊，因为他明白，星星监狱里危机四伏，况且，这还是一个受制于变幻无常政治的政治性任命，前路变幻莫测，难以确定。星星监狱的典狱长频频更换，最长任期的那位也仅仅做了三个星期。他必须慎思：值得去冒这个险吗？

史密斯看出了劳斯的犹疑不定，他将端坐的身体往背椅上仰了仰，微笑道：“年轻人，我不会责怪你的恐惧心态。那地方确实很糟糕，只有非凡之人才可能待在那儿。”

就这样，史密斯发出了挑战。而劳斯呢？出于“非凡之人”的荣誉，他接纳了这项工作。

劳斯在星星监狱待了下来，并且成为他那个时代最为杰出的典狱长，其著述《星星监狱管理春秋》一版再版。他的有关犯人狱中生活故事的广播，被改编成多部电影，他对犯人人性化的教育和管理，为监狱管理和改革创造了奇迹。

火石橡胶公司的创始人哈维·S.费尔斯通曾言：“我从不认为仅仅用金钱就可以招募到优秀人才。我认为应该是工作挑战本身吸引了人才。”

人类行为学家弗雷德里克·赫兹伯格亦是这样认为的。他曾对大众的工作态度进行深入的研究,研究对象涵盖工厂工人及高级白领各色人等。你认为他对工作动机的调查结果该是什么?金钱?良好的工作环境?丰厚的福利?不,这些都不是人们工作的动机。主要的动力源于工作本身——如果工作令人兴奋,人们就会期待着去干好它。

这就是每一位成功人士之钟情所在:挑战,自我表现的机会,体现其价值、超越他人、赢得胜利的机会。这是人们参加长跑、吃馅饼等竞赛的动机所在。人们渴望超越,渴望受到尊重。

原则之十二:发起挑战

小　结

原则之一:解决争论的最佳方案就是避开争论

原则之二:尊重他人的意见,永远不要说"你错了"

原则之三:如果错了,立即真心实意地认错

原则之四:以友善的方式开始交流

原则之五:引导对方立即说"是"

原则之六:交流时让对方唱主角

原则之七:让对方感觉他自己是建议的原创者

原则之八:真诚地换位思考

原则之九:理解他人的想法及期望

原则之十:唤起对方高尚的动机

原则之十一:让你的想法形象化

原则之十二:发起挑战

第四章

领导的艺术：技巧地改变他人

1

夸赞：纠错的必由之路

在柯立芝主政白宫时期，我的一位朋友在某个周末受邀前往白宫参加聚会。步入总统私人办公室时，他听到柯立芝对其中一位秘书夸赞道："你今天早上这一身裙装很漂亮，你真是个年轻而又极富魅力的女人。"

这或许是生性腼腆的柯立芝一生中对秘书最为煽情的赞美。这在秘书看来非同寻常、太令人意外，以至于双颊一下子涨得通红，她疑惑不解。这时，柯立芝又开腔了："听着，别沾沾自喜。我这么说你的目的是要让你高兴一点儿。从现在起，我希望你多留意标点符号的正确使用。"

柯立芝的表达可能太过直白，但其心理战术的运用可谓是高超。人们往往在得到一些表扬之后，才更容易接纳逆耳的忠言。

理发师在给男顾客刮胡子时，往往都要先给顾客脸上涂上皂沫以减轻刺痛感。1896 年，麦金利在竞选总统的战役中，采取的就是这一理发师的"刮胡子"策略。那时，一位共和党人为竞选活动拟就了一篇演说词，他感觉良好，认为西塞罗·帕特里克·亨利、丹尼尔·韦伯斯特等人的讲稿都逊色多了。他将自己的"不朽"之作在麦金利面前铿锵朗读。没错，演说词确实有其优点，但一定不能全盘托出，否则会招致连番炮轰。可麦金利不能说

“不好”，这样会挫伤这位共和党人难得的工作激情。请注意他机敏的沟通方式。他说：

伙计，这确实是一篇不错的演说词，非常好，在大多数场合都适合用，这是其他演说词都无法比及的。不过，在我们这个特定情境下，发表这样的演说似乎就不怎么妥帖了。或许在你看来，文章很持重、稳妥，不过，我必须从我们政党的角度考虑后果。你回家去仔细琢磨一下文章里我标注的地方，再另写一篇讲稿给我过目，好吗？

这人果真照办了。二稿出来后，麦金利亲自执笔为他修改、润色。后来，此人成为竞选活动阵容里最出色的演说者之一。

林肯毕生写过两封杰出的信函。其中一封是写给比克斯比夫人的，旨在表达他对夫人在内战期间痛失五子的深切同情和关怀。另一封则是写给胡克将军的。林肯有可能在五分钟之内就完成了那封信，可在1926年的一次公开拍卖中，该信以一万二千美元的最终价格售出。（那可是比林肯辛劳五十年的收入总和还要多啊。）该信写于1863年4月26日，那是内战最为灰暗的时刻：整整煎熬了一年六个月，林肯旗下的将领们屡战屡败。举国震怒，内战只不过是人类愚蠢、徒劳的杀戮。数不胜数的战士当了逃兵，甚至连参议院里的共和党人也造林肯的反，要将林肯驱逐出白宫。“我们此刻处于毁灭的边缘。在我看来，甚至神圣的上帝都在反对我。我几乎看不到一丝曙光。”这是当时林肯的内心表白。正是在这样灰暗、悲痛、混乱的心境下，林肯给胡克将军写下了这样一封信：

我任命你为波多马克军团的领袖人物，是出于我个人当时充分理由的考量。然而此刻，我认为应该让你明白你那不怎么令我满意的方方面面。

我相信你是个骁勇的战士，正因为此我钦佩你。我还相信，你不会将政治和你的职业混为一谈，这一点你做得很好。你很有自信，这是难能可贵的品质，但并非不可或缺。

你很有个人抱负；在合理的限度内，你借此可以创造辉煌，且不会给他人造成伤害。但是，我认为在伯恩赛德将军指挥作战期间，你让自己的野心肆意张狂，极度伤害了伯恩赛德将军，你这样做不仅破坏了你们俩兄弟般的手足情谊，而且还给国家造成巨大损失。

我从确凿的渠道听说了你最近的言论，说什么军队和政府都需要一个独裁者。听着，我给予你领军作战的指挥权，可并不是出于你这样的想法，虽然我任命了你的职务。

只有那些战功卓绝的将军们，才配称为发号施令的独裁者。此刻，就让我冒以“独裁”之名的危险，要求你在战场上创建奇功。

政府会竭尽全力支持你，一如既往地支持你，支持全体指挥官。不过，我很担心你会再一次犯错，担心你再次攻击将领们的指挥战术，担心你再次挫伤他们的自信心。不过，我会协助你，尽我所能协助你，帮助你将嚣张的气焰打压下去。

无论是你还是拿破仑（如果他在世的话），都不可以在嚣张气焰弥漫军中的情形之下获得胜果。听着，请看管好自己的鲁莽情绪。请不要鲁莽，但要以充沛的精力和警觉继续前进，并给我们带来胜利的好消息。

这或许是亚伯拉罕·林肯在任职总统之后，措辞最为尖锐的一封信。不过，你可以从信中看到，在指出胡克将军的严重错误之前，林肯先给予了他夸赞和肯定。

确实，胡克将军的错误是严重的，但林肯并没有直截了当地指出，他采取了保守而又技巧的策略。在信中他是这样说的：我认为应该让你明白你那不怎么令我满意的方方面面。林肯在信中的措辞很是得体、机智！

当然，你并非柯立芝、麦金利，亦非林肯，我明白，你会质疑这一策略在日常商务洽谈中的效果，对吧？那就让我们来瞧瞧这一实例。

依据合同，沃克公司必须在规定日期内完成一栋大型商务楼的建造。一切进展顺利，竣工在即。突然间，承接大楼外墙钢材装饰的分包商通知说，他不能将钢材如期运达。什么？整栋大楼的施工要滞后！就因为这位分包商的延误，公司将要蒙受巨额的罚金！还有重大的损失！

长途电话里双方激烈地争吵，可一切都无济于事。这时，公司让高先生出马，去到纽约分包商的老巢，与他正面交锋。

简短寒暄之后，高先生便向分包商问道："你可知道，在布鲁克林区你的名字是独一无二的？""噢，我不知道。"分包商颇为惊讶地答道。

高先生说道："今早刚下火车，我便在电话号码本里找寻你公司的地址，布鲁克林区的号码本里只有一个人没有和别人重名，那就是你。"

"我可从来不知道这回事啊。"分包商一边应答，一边饶有兴致地翻阅着号码本。“是的,我的名字很特别。”他骄傲地道出原委,“我的祖辈是从荷兰移民过来的,我们家族在纽约扎根近二百年了。”在接下来的好几分钟里,他不停地说起他的家庭及祖先的光荣史。而高先生呢,趁他一讲完,便紧接着大赞其规模庞大的制造工厂。“这是我所见过的最整齐、最干净的钢材厂。”高先生说道。

“我竭尽毕生精力才建立起这项伟业,这是我的骄傲。想不想参观参观我的工厂?”

参观过程中,高先生时不时地赞扬工厂里的员工,还和分包商分析、探讨该厂较之其他竞争同行的优胜之处。高先生对那些独特的机器情有独钟,分包商告诉他那是自行研发的,并且当场示范操作程序,让高先生亲眼见证精良产品的出炉过程。参观完毕,分包商力邀高先生共进午餐。直至那时,高先生只字未提他造访的真正目的。

午餐之后,分包商发话了:“好了,该言归正传了。当然,我是明白你此行目的的。可我没有料到我们之间会交谈甚欢。你可以放心地回费城了:哪怕是我延误其他人的订单,我都会遵守诺言如期发货给你。”

高先生只字未提自己所需,却最终如愿以偿。分包商将材料如期运达,大楼亦在合同规定期内如期竣工。

如果当初高先生以针锋相对的惯用方法处理这件事,他能有如此的收效吗?

多萝茜·弗鲁伯沃斯基是联邦信用银行新泽西州蒙默斯堡分行的经理。她曾经成功地帮助下属提高了工作效率。在培训班里她告诉同学们:

最近,我们招聘了一位年轻的女士担当实习出纳。她和顾客之间的沟通很不错,且业务精准、高效。但是,每天工作即将结束之时,她就出现问题了。

出纳组组长找到我,强烈要求我解雇该名实习出纳。“她算账速度太慢了,拖了每个人工作的后腿。我一遍又一遍地教她,可她就是没有长进。她该收起包袱走人了。”组长如是说。

第二天,我观察该实习生的工作,感觉她处理日常账目又快又准,且和顾客之间的沟通也很愉悦;但不久我还是发现了她的问题所在。银行闸门关闭后,我走上前去和她交谈,她显得很紧张不安。所以,我先夸赞她对顾客的友善、坦诚,以及精准、快捷的工作效率,然后我再向她建议,在平账时多留意工作程序。这样的教导方式让她感觉到我对她有信心,所以她很乐意地接受了我的建议,并且很快就掌握了平账的技巧。从那以后,我们一直都很满意她的工作表现。

沟通时请以赞美开始。这就好比牙医给病人拔牙时先施以麻醉,去除坏牙虽然艰辛,但麻醉剂可以减除其中的痛苦。领导的艺术就在于此。

原则之一:沟通时以真诚的赞美开始

2

批评，但要避免招致憎恶

某天晌午时分,查尔斯·施瓦布经过炼钢车间时撞见一些工人在抽烟。其实,在这些工人头顶上方就有一个警示牌,上书“禁止吸烟”。施瓦布并没有指着那个警示牌责问工人:“你们看不懂吗?”他向那些抽烟的工人走去,递给每人一根雪茄,说道:“伙计们,到外面抽去,好吗?谢谢啦。”工人们明白自己违规,且被老板逮了个正着。可是,老板并没有因此而责骂他们,反而还递烟给他们,让他们感到很有脸面。所以,工人们对施瓦布钦佩不已。谁会不喜欢这样的老板呀!你说呢?

同样,约翰·沃纳梅克对员工的批评和施瓦布的相类似。沃纳梅克每天都要亲自巡视他在费城的商铺。有一次,他发现一位顾客在柜台前等候了良久,可没有任何一位售货员瞄上她一眼。售货员都在干些什么呢?他们聚集在柜台的那一头说笑呢!沃纳梅克二话不说,他悄然走到柜台后面亲自接待顾客,然后将顾客所购物品交由售货员包装。事后,沃纳梅克还是一言不发,继续干自己该干的事。

选民们常常批评他们甄选的官员难以接近、沟通。的确,官员们都很忙碌,所以,助手们往往不愿意选民们对他们过多的打扰而增加工作负担。问题就出在助手过分的保护上。卡尔·朗福特曾担任佛罗里达州奥兰多市市长职务数年,其间,他频频劝告下属要允许民众和他见面。他主张"开放门户"的政策,可他的秘书们、行政官员们总是将求访的市民拒之门外。

终于,这位市长找到了对策:他差人将办公室的门拆了!自此,他开始了真正的"开放门户"的行政生涯。

一个简单的"但是"可以决定成败;而只要去掉"但是",你就可以在改变对方的同时不留下任何抵触或是憎恨。

没错,人们批评对方时会以赞美开始,但紧接着就会有一个"但是",以及刺耳的评价。例如,在批评小孩学习方面的粗心大意时,我们大人或许会这样说:"约翰尼,这个学期你进步了,我们真替你感到骄傲。但是,你要是在代数方面更加努力的话,你的分数会更高一些。"

在这样的情形下,约翰尼的信心在听到"但是"之时便会陡然消失,他甚至还会怀疑大人表扬他的真诚度。在他看来,这样的表扬只不过是批评他失败的一个引题。如此一来,约翰尼对我们的信任会大打折扣,或许,我们再也无法达到端正他学习态度的目的。

其实,这个问题很容易解决,只要我们将"但是"转为"而且"即可:约翰尼,我们真替你感到骄傲,因为这个学期你进步了,而且,下学期只要你付出同样的认真和努力,我们相信你代数的分数一定可以像其他科目那样取得高分。

这次约翰尼一定会接纳这个表扬,因为它的背后没有影射失败的意味。我们只是间接地要求他作出改变,他就会尽力朝着我们的期待努力。

有些人生性敏感,厌恶任何直截了当的批评;间接的提醒反而可以让这类人脱胎换骨。罗德岛文索基特地区的玛吉·雅各布雇请了一些建筑工人为她家的房子加盖偏厅,但工人干起活来有些散漫。玛吉告诉培训班的同学,她是如何改变这些工人的。工程开始的阶段,每次下班回家,雅各布夫人都发现院子里到处都是散落的木头和木屑。她不想和工人对抗,因为他们的手工活的确很棒。所以,等工人收工回家后,她和孩子们将木头收拾起来,整齐地码放在院子的角落里。次日早晨,雅各布夫人把领班叫到一旁,说:“昨晚上前庭的草坪收拾得好干净,我好满意,我的邻居也好满意。”打那以后,每天收工前,工人们都会将锯下的木头码放整齐,而领班也会检查草坪是否整洁、干净。

预备役军人和训练他们风纪仪容的教官之间有一个尖锐的矛盾,那就是:剪头发。预备役军人认为他们是平民百姓(大部分时间里他们的确是平民),因而讨厌别人要求他们将头发剪短。哈利·凯泽在训练一批预备役军人时就碰到这个问题。作为一名老资格的正规军中士教官,他完全可以朝着士兵大声呵斥,但他没有这么做,他只是间接地批评:

> 先生们,你们是将领。你们作战时应当一马当先,你们必须是部下的楷模。你们都知悉部队关于头发的规定。今天,我就要去剪头发,虽然我的头发比你们当中一些人的还短得多。请你们看一下镜中的自己,如果你们感觉确实要把头发剪短,真的要成为部下的榜样,那我就为你们安排去岗哨理发店的时间。

果不出所料,好几名学员真的照了镜子,在当天下午就来到理发店,将头发剪短至规定的长度。次日早上,凯泽中士表扬了他们,说他已然看到了这支队伍当中一些成员领导素质的提升。

1887 年 3 月 8 日,能言善辩的牧师亨利·沃德·比彻辞世。在接下来的那个周日,莱曼·阿伯特受邀接替比彻,给民众布道。由于渴望达到最佳效果,阿伯特一遍又一遍地细致修改、推敲讲稿,然后念给妻子听。讲稿很差劲,就像大多数草拟好的演讲稿一样。他的妻子有可能是这样的反应:"莱曼,稿子很差劲。这讲稿不能用,它会让听众昏昏入睡。这稿子读起来就像是一本百科全书。你已经布道这么多年了,你该写出比这更好的文章来。天哪,你为何不好好说?你为何不自然地表达?如果你向听众念出这些劳什子,你定会颜面尽失。"

阿伯特的妻子有可能会这么说。如果她真的这么说了,你能想象得到事情的后果。她明白这样做的后果。幸亏她是这样评论的:不错,可以向《北美评论》投稿。这不仅表扬了丈夫,也暗示文章不是极佳的演说词。莱曼·阿伯特明白了妻子的话,将自己精心准备的讲稿撕碎,不用讲稿便登上了讲坛。

间接地指出别人的错误,才是指出别人错误的有效方式。

原则之二:间接地指出他人的过错

3

首先谈及自身的过错

我的侄女约瑟芬·卡耐基,三年前高中毕业后来到纽约担当我的秘书,其时芳龄十九,工作经验几乎为零。现在,她已经成长为苏伊士西区最精干的秘书之一。可是,在她工作起步之际,她可以说是不思进取。有一天,我正要批评她,可还是忍住了。我在心里对自己说:“戴尔·卡耐基先生,请等一等,先别忙着批评她。你的年纪是约瑟芬的两倍,你的工作经验比她多得多。你怎么能够要求她有你一样的观点、一样的判断力、一样的工作主动性呢?更何况,你的观点、判断亦有可能平庸无奇。请再等一等,戴尔,你十九岁的时候在干些啥?还记得你那些愚蠢的错误吧?还记得那时你惹的祸吧?”

经过客观、实事求是的思考,我得出结论:以约瑟芬十九岁的年纪来看,她的工作主动性较我当时要好多了;而且,我不得不遗憾地承认,我没有给予约瑟芬足够的表扬。

打那以后,每当我想提醒约瑟芬工作当中的失误时,我都会以这样的言语开始:“约瑟芬,你出错了。但我以前的很多错误比你这还要糟糕,真的,我发誓。人的判断力不是天生的,这需要经验和磨砺,我在你这个年纪时做得可比你差多了。我为自己干的那么多蠢事而感到内疚,所以我没有一丁点儿资格去批评你,或是批评其他人。不过,就你处理的这件事来看,如果你能够……处理的话,是否会显得更加明智一些?"

如果批评你的人在交流之初便承认自己并非完人,那么你就不会抗拒之后他对你的长篇指责。

E. G. 迪利斯通是加拿大马尼托巴省布兰登地区的工程师。最近,他和新上任的秘书之间出现了矛盾。秘书上呈给他签名的打印文件,几乎每一页都有拼写错误。他告诉培训班里的同学:

> 和许多工程师一样,我并不是以自己流利的英语和拼写而闻名,不过,这么些年来我身边一直都带着一本袖珍词典,每次遇到拼写疑难时我都会拿出来翻一翻。当我明显感到,只是指出秘书的拼写错误并不能促使她更仔细地校对和查词典时,我决定找个机会以合适的方式和她好好谈谈。这时,秘书呈交上来一封信,里面有明显的拼写错误。于是,我坐在打字机的旁边,对她说:"这个单词好像拼写得不怎么正确。有好些词语我拼写起来总是没有把握,这个单词就是其中之一,这就是为什么我口袋里总是装着这个拼写词典。(这时,我翻到该词出现的那一页。)瞧,就是这个。现在我非常在意自己的拼写,因为人们真的会从拼写中评断一个人的素质,而拼写错误会让人感觉我们不专业。"
>
> 我不晓得她是否会学着我的样子随身带上词典,不过,自从那次谈话之后,她拼写错误的频率大大降低了。

早在1909年,优雅的伯恩哈德·冯·比洛王子便深切体会到鞭人先及己的必要性。冯·比洛时任德国总理,当时的德皇是高傲而尊贵的威廉二世。这位德国的最后一个皇帝,曾扬言可以瞬间调动起他的海、陆部队投入作战。

当时发生了一件令人震惊的事。这位德皇因出言不慎而弄得整个欧洲局势震荡不安。更为糟糕、更为不可收拾的是,他在出访英国期间在公众场合发表了一些愚蠢、荒谬、极其自我的言论,并且还以皇室的名义允许《每日电讯》刊发。他说他是唯一对英国人有好感的德国人;他正在组建一支海军,以应对日本国的军事威胁;是他独自一人挽救了英国人,让他们免遭俄、法两国的羞辱;正是他的谋划和造势,得以让英格兰的罗伯茨勋爵打败了南非的布尔人……诸如此类,比比皆是狂言。

在这和平年代的一百多年来,任何一位欧洲国王都没有如德皇威廉二世这般口出狂言。整个欧洲都因威廉二世这个大马蜂窝而烦恼不安;英国人被激怒了,德国的政要则被惊得目瞪口呆。惊惶中,威廉二世暗示由冯·比洛王子承担后果。他想让冯·比洛对外宣布那都是总理的过错,总理应该担负起所有的责任,因为是总理本人提议他的国王说出那样令人咋舌、令人难以置信的言论。

"可是,陛下,"冯·比洛反对这样"善后","在我看来,这完全不可能,因为无论是在德国还是在英格兰,任何人都不会相信我有如此能耐向你提出那样的建议,让你说出那样的话来。"

王子的话刚出口,他便意识到自己犯下大错。德皇勃然大怒。"你把我看成一头蠢驴了,"德皇咆哮道,"我犯的错你从来都没有过,对吧?"

冯·比洛知道在遣责德皇之前应该先对他表扬一番。可事已至此，他只能以别的方式进行弥补。

“我并没有你说的那个意思，远远没有！”他怀着尊敬的心情答道，“陛下，你在很多方面都超越了我，当然，不单只是在海、陆军事知识方面，在一切自然科学方面你都比我强。每当陛下你向我讲解气压、无线电或是射线时，我都是怀着钦佩的心情倾听的。我为自己感到羞愧，因为我对自然科学一窍不通，不懂得物理、化学知识，更是没法解释清楚最简单的大自然现象。但是，还好，我知悉一些历史，具备一些政治素养，尤其是外交方面的素养。”

冯·比洛终于绕回到“表扬”的轨道上——谦卑自己、抬举德皇。奇迹发生了：德皇笑了，他原谅了王子。“我不是和你说过嘛，”德皇激情荡漾地说，“我们之间总是在比高下。我们应该团结在一起，我们一定能够团结在一起！”说完，他和王子频频握手。不一会儿，他激情再起，挥舞起双拳，说道：“假若有任何人对我说他反对冯·比洛王子，我就要打扁他的鼻子。”

冯·比洛及时为自己化解了和德皇的争端。尽管如此，他还是该汲取教训：他应当先说自己的不足之处，从而抬举威廉二世的权威；他不该暗示德皇不够明智，需要智囊的协助。

如果谦卑自己、表扬对方就可以将高傲的德皇转变为忠实的盟友，那么，请想象一下，在我们的日常生活中，我们该如何做到谦逊，该怎样去夸赞别人？而谦逊和夸赞，又会给我们的人际关系带来怎样实质性的奇迹？

承认错误，哪怕是在错误尚未纠正之时承认错误，都可以改变一个人的行为举止。马里兰州蒂蒙涅地区的克拉伦斯·泽胡森最近就亲身验证了这一道理。他发现自己十五岁的儿子已经开始吸烟。他告诉我们：

当然啦,我并不想让戴维养成吸烟的坏习惯。但是,他母亲和我都是吸烟的,所以,一直以来我们都没有给他树立起好的榜样。我告诉儿子我是怎样在他的年纪染指香烟的,还告诉他尼古丁已经吞噬了我最棒的身体,几乎不可能让我甩掉它。同时,我提醒他,因为吸烟我总是令人讨厌地咳嗽,为此,几年前他还要我戒掉烟瘾。

我没有督促他把烟戒掉,也没有以吸烟的危害威胁或警告过他。我所做的就是告诉他香烟现在于我来说就像是个恶魔,怎么甩都甩不掉。

他考虑一段时间后,决定高中毕业之前都不再沾染香烟。这么多年过去了,戴维再没有吸过一根烟,也不再有任何这方面的念想。

和戴维的那次谈话之后,我就下定决心要戒烟。在家人的支持下,我终于逃离了香烟这个恶魔的魔掌。

原则之三:批评对方之前先反省自己

4

人人都不会乐意服从命令

撰写此书期间，我曾有幸和传记作家艾达·塔贝尔小姐一起进餐。宴席间谈及本书的主题思想，我们就人际关系的要旨进行探讨。塔贝尔小姐说起她的工作经历：在为欧文·D.扬撰写传记期间，她采访过一位和扬先生朝夕共事三年的男士。这位男士说他那三年间从未听到过扬先生向其他人发号施令。扬先生只提建议，不下指示；他从来都不会说"你要做这、你要做那"、"你不能做这、不能做那"。他总是说"你可以考虑这样做"、"你认为那样做可行吗？"每当秘书按其口谕打印好一封信后，他总是问旁人："你认为这样可以吗？"而每当审阅完助手起草的文件，他会这么说："我们换成另一个说法，效果或许会好一些吧。"他总是给予别人亲自处置事情的机会；他让别人去实践，让别人从实践中、失误中得出经验和教训。

类似扬先生那样的交际策略，可以使人轻松地纠正自身的过错，它让人不失体面的同时，仍然保持着备受重视的感觉；它是避免抵抗、促进合作的良方。

因盛气凌人的命令而引起的不满会演变为积怨，哪怕当时的命令是出于非常严重的情势需要。丹·圣雷利是宾夕法尼亚州怀俄明地区一所职业技术学校的教师，他告诉培训班同学这样一件事：他的一名学生占道泊车，以致阻塞了学校商店的大门。

其中一位学监得悉此事后，气势汹汹地跑到教室，傲慢地质问道："是谁把车停泊在大马路上？"车主刚一应声，学监便咆哮起来："把车开走，现在！马上开走！否则我把车拴上链条拖走。"

确实，学生有错，他的小轿车不该停泊在那儿。不过，遭遇学监怒吼之后，那名学生从此恨透了他；并且，班上全体学生都极尽能事专找学监的麻烦，让他的日子不好过。

那么，这位学监该如何妥善处理学生占道泊车之事呢？如果他当时能够友善地问："大马路上那辆车是谁的？"如果他能够以商量的口吻叫学生把车开走，以免阻碍他人汽车的进出，那位学生很可能会乐意遵命，而班上其他学生亦不会感觉他神憎鬼厌的。

以询问代替命令，不仅可以让对方欣然接受建议、改正错误，而且还可以激发对方的创造力。此外，若让对方参与到决策的探讨和制定中来，则更有可能让他接受指令。

伊恩·麦克唐纳是南非约翰内斯堡市一家小型精密仪器制造厂的总经理。有一次，他接到一宗大额订单，交货时间紧迫，可当时工人手头上的活尚未完工，似乎他不可能再将订单承接下来了。

麦克唐纳在那会儿并没有催促工人加快速度完成手中的活计；他把大伙儿叫到一块，向他们说明情况，告诉他们，如果可以承接这笔大单并能如期交货的话，这对他们个人和工厂都意味深重。接着，他询问起大家：

"我们可有办法完成这项任务？"

"有谁可以想到办法让我们的生产进度赶在交货日期之前?"

"有什么办法可以调整我们的工作时间,或是我们个人的工作效率?"

工人们各抒己见,并坚持要总经理接下这单生意。他们表现出一种自信的态度——"我们可以胜任。"最终,他们及时完成了任务。

高效的领导应当以询问取代命令。

原则之四:以询问取代直接的命令

5

给他人留住颜面

数年前,通用电气公司要处理一个难题:将查尔斯·斯坦梅茨从财务部门主管的位置上撤换下来。斯坦梅茨是通用电气的第一代智囊核心人物,但作为主管,他就不怎么胜任了。然而,公司不敢贸然行事,因为斯坦梅茨于公司来说举足轻重,且他生性极其敏感。经由考虑,公司授予他一个新头衔:通用电气公司工程顾问。头衔是新的,但斯坦梅茨还是干着他的老本行。这样,新的财务部门主管得以就任,而斯坦梅茨亦非常满意。这就是通用电气管理层的过人之处:温情地呵护他们公司的巨人,给他人留住颜面。

给他人留住颜面！这是多么至关重要的处事方式！一直以来,我们都不管不顾别人的感受,我们一直以来都是我行我素,找别人的茬,恶言相向。我们总是当众训斥小孩、训斥员工,从不顾及他们的自尊。其实,几分钟的冷静思考,一两句体贴的话语,对他人心态的真诚理解,都可以大大缓和双方之间的紧张关系。

注册会计师马歇尔·A.格兰杰在给我的一封信中这样写道:

解雇员工令人难受,被解雇员工则更加难受。我们的业务是季节性的，所以每当个人所得税申报期截止，我们就要大量裁员。

因而，在我们这一行流行着这样一句话：没有人乐意享受挥舞起斧头（砍人）的过程。结果，大家都习惯了快刀斩乱麻，其基本的程序如下："某某先生，请坐。申税的时段结束了，我们不可能再给你安排其他工作。不管怎么说，你也明白我们只有在最繁忙的时段雇用你。"

这些被解雇的人除了失望，还有一种被人"拒绝"的感觉。他们当中的大部分人一辈子都在会计行业营生，对于随意解雇他们的会计事务所，他们的内心不会怀有特殊的留恋之情。所以，我最近作出一个决定：给这些季节性的员工多倾注点儿体贴。在宣布解雇之前，我会仔细回想他或她在这个冬季里的工作表现，然后我才开腔："史密斯先生，你的工作表现不错（如果确实如此的话）。这次你被安排在纽瓦克区，工作量非常大，而你却能够及时、出色地完成任务，你是我们事务所的骄傲。你很专业，相信无论在哪里工作，你都能够将专业知识运用得游刃有余。我们事务所相信你的能力，以后还会找你来帮忙。我们不希望你把我们给忘了。"

结果怎样呢？人们走的时候感觉好多了，他们不会有被"拒绝"的感觉。他们明白，如果我们有活可干的话，我们是可以留下他们继续干下去的。而当下一个报税季节来临，我们再次找到他们干活的时候，他们一定会前来帮忙。

有一次在我们的培训课上，两位同学就责备的负面影响和给他人留住颜面的正面效应展开辩论。

来自宾夕法尼亚州哈里斯堡地区的弗雷德·克拉克同学告诉我们他所在公司发生的一件事：

有一次，在有关生产的讨论会上，一位副总裁向其中一位生产部门主管提出了生产程序方面一个非常尖锐的问题。副总裁一直将批评的矛头指向那位主管，其语调让人感觉咄咄逼人。为了不在同事面前显得窘迫，主管在回应时只能含糊推诿，结果惹得副总裁大发雷霆，痛斥他是个说谎的大骗子。

就这样，这位主管和公司之间固有的劳务关系被瞬间摧毁，原来表现不错的员工这会儿在公司眼里一文不值。几个月后，这位主管辞职了，转而投向了我们的竞争对手。据我所知，他在那儿表现不俗。

安娜·马佐尼同学所在的公司也发生过类似的事情，但由于处理方式的不同，其结果也大相径庭！马佐尼女士是一家食品包装公司的市场营销分析师。她要为一款新食品作首轮市场调查汇报，下面是她当时的反应：

轮到我作汇报时，我害怕得浑身颤抖，但我还是竭尽努力不让自己失态，我对自己说，我不可以哭，我不可以让男人认为女人太情绪化，没有能力干好行政工作。我只是简要地陈述了报告的主要内容，并且强调由于其中的一个差错，我会在下次会议召开之前重新进行一次调研。陈述完毕，我坐了下来，等着老板的呵斥。

可是，他没有批评我；相反，对我为公司所做的调研表示感谢。他还说,在新项目中只出现一个差错已经很了不起了,他相信新一轮的调研会准确无误,有益于公司对新产品的运作。当着众人的面,他表态说他对我有信心,他知道我已经尽了全力;我所缺乏的不是能力,而是经验。

离开会议时,我的头是高高昂起的;我下定决心,永远都不再让我的老板失望。

就算我们自己是正确的,而对方绝对是错误的,如果我们不给对方留下一丝颜面的话,我们会摧毁他的自尊。传奇的法国宇航先锋兼作家安托万·德·圣埃克苏贝里在其著述里表示:我没有任何权利以任何言语或者行为贬低任何一个人。最关键的不是我怎么看待他,而是他怎么看待他自己。伤害一个人的自尊等同于犯罪。

真正的领袖应当永远给他人留住颜面。

原则之五:给他人留住颜面

6

鞭策他人迈向成功的法宝

彼得·巴洛是我的老朋友,他有一个马戏团,一辈子都在四处巡回演出。我喜欢观看彼得训练狗崽。我注意到,只要小狗有那么一丁点儿的进步,彼得就会轻抚一下它,给予它鼓励,还给它肉吃。

这种训练手段没什么新颖之处。好几个世纪以来,人们都是这样驯化动物的。

可我就是奇怪:我们怎么就不可以假以这种方式纠正他人的不是之处?为什么我们总是要用鞭子而非佳肴?为什么我们总是谴责而非赞美?让我们去赞美吧!哪怕他人只是取得一丁点儿的进步。赞美可以使人不断地进步。

心理学家杰斯·拉尔著有《我做得不够好,但我已经尽力了》一书。在书中他认为:赞美是儿女们心田里一缕温暖的阳光;没有赞美,人类不可能茁壮成长。然而,我们当中的大多数,却更乐意选择批评这一"寒冬"方式;当我们向对方发出阳光般的赞美时,总是显得那么不情愿。

回想起我的人生历程,我发觉有好些溢美之词深刻地改变了我的生活态度。而在我们的人生长河里,赞美改变人生的事例比比皆是。

在那不勒斯，一位十岁的小男孩在工厂里打工，可他梦想成为歌星。而他的第一位音乐老师却打击他："你学不好唱歌的，你的嗓音难听死了，和那冬天里寒风穿过百叶窗时发出的声响差不多。"

但是，小男孩的母亲，这位贫穷的农妇搂抱着孩子，鼓励他、赞扬他，说她已然看到了孩子的进步。她省吃俭用，连鞋子都不舍得买来穿，为的是省下钱来给儿子缴音乐课的学费。母亲的赞扬和鼓励改变了小男孩的人生，这位小男孩就是恩里科·卡鲁索，他那个年代最负盛名的歌剧演唱家。

在十九世纪早期，伦敦有位年轻人渴望成为作家，可似乎种种因素都对他不利：他只上过不到四年的学，因为欠债，他的父亲锒铛入狱。年轻人饱尝饥寒之苦。他谋到一份苦差：在鼠满为患的仓库里给装有染墨剂的瓶子贴标签。夜晚，他就和两个贫民窟里的男孩睡在臭烘烘的阁楼里。他对自己的写作能力没有一丁点儿自信，害怕别人嘲笑自己的作品，所以，他选择一个风高月黑的夜晚将自己的处女作悄悄塞进邮筒。终于盼来了好消息：他的一篇文章被一家报社采用。虽然没有得到任何稿酬，但年轻人的才华得到了两位编辑的认可。他非常兴奋，徜徉在车水马龙的大街上，激动的泪水浸湿了双颊。

赞扬、认可及文章的刊发，改变了这个年轻人的命运。如果不是那些编辑的鼓励，这个年轻人有可能一辈子都走不出那个鼠满为患的仓库。或许你听说过这个年轻人。对，没错，他就是查尔斯·狄更斯。

还有另外一位住在伦敦的年轻人，他在一家干洗店里打杂，每天早上得在五点起床打扫店铺，接着便是连续十四个小时的苦役。他瞧不起这份工作，因为在他看来这纯粹就是重复性的劳役。两年过后，他实在是受不了了。有一天早晨,还没等得及吃早餐,年轻人便徒步十五英里来到母亲当管家的地方,告诉母亲他不想干了。

他有些疯狂。他哭泣、哀求,他说如果要他再待在那个店铺里他宁愿自杀。他去信给自己的老校长;信写得很长、很动感情。他告诉校长自己心碎欲绝,不想活了。老校长回了信,召唤他去他的学校当老师。在信中,老校长鼓励他,赞扬他能干、适合做优雅的工作。

老校长的鼓励逆转了这位年轻人的未来,而且,为美国文学史留下了一道恒久的光芒。因为该年轻人从此笔耕不辍,创造出数不胜数的畅销书。或许,你也曾经听说过他——H. G. 威尔斯。

赞扬是B. F. 斯金纳最根本的教学理念。这位当代伟大的心理学家,通过动物和人类的实验表明:当我们给予他人少些责备、多些赞美时,他会更加乐意干好事,而放弃干坏事的念头。

北卡罗来纳州落基山地区的学员约翰·林格尔斯鲍就是运用这一理论调教他的儿女的。此前,和多数为人父母的想法相似,在他看来,他和孩子们交流的主要方式就是大声呵斥。所以,在大多数的情形下,孩子们在被训斥后的表现往往较之前更差劲,结果,他的呵斥声愈来愈大。似乎,他已无计可施。

参加培训之后,林格尔斯鲍决定运用所学理论解决这一问题。他告诉我们:

> 我们夫妇俩决定采取表扬而非责骂的方式应对孩子们的过错。其实,当我们所看到的都是他们的不是和过错时,我们是很难给予他们表

扬的;真的是很难发现他们的闪光点。但我们还是设法"表扬"了他们,而他们在一两天内也真的改掉了一些老毛病,且老毛病在一天一天地减少。而且,他们还开始把我们给予的表扬兑现,甚至还自作主张地干好事,如干家务等。这让我们俩都难以置信。当然,开始时他们的表现有点反复无常,但经历一段时间的巩固之后,乖巧、听话成了他们的常态。我们夫妇俩再也不必像以往那样呵斥他们了,孩子们干的好事越来越多,小毛病越来越少。

这完全归因于表扬的结果:夫妇俩在意孩子们哪怕是微小的进步,而对于他们的错误则少些责备。

这一原则同样适用于工作当中。加利福尼亚州伍德兰山地区的学员基思·罗珀就是运用这一原则处理他印刷公司事务的。公司所承接的一项印刷业务对产品质量要求极高,可印刷工偏偏是位新手,在其上司看来,他不仅业务不好,且工作态度也很差,所以上司很想把他辞掉。

得悉这一情况后,罗珀先生亲自来到印刷车间和这位年轻人谈心。他告诉年轻人,公司能接到这单业务有多开心,他还夸赞了年轻人,说他印刷出来的东西是这一段时间以来公司最好的产品,并且指出印刷品具体的精美所在。最后,他向年轻人强调其贡献对于公司的重大意义。

想想看,罗珀先生的一席话可以转变年轻印刷工的工作态度吗?数天之内,他的工作表现就发生了翻天覆地的变化。他和工友们说起那次谈话,告诉他们谁是公司里最懂得欣赏优良产品之人。打那时起,他成了公司忠实、勤勉的员工。

其实,罗珀先生并不仅仅是恭维年轻人,仅仅是表扬他“你干得真棒”。谈话中,他特别指出了年轻人的真正优胜之处。由于他的表扬具体、独到、不笼统、不宽泛,从而让年轻人领悟到了他的真诚。人人都乐意受到表扬,而当表扬具体化时,受表扬之人则看到了对方的真心实意,而非讨好的谄媚。

请谨记:人人都渴望得到他人的欣赏和认可,并且人人都会为此而竭力争取。但是,人人都会讨厌虚伪,没有人需要奉承。

请让我再以另一种表达阐释一下:本书中所讨论的待人处事之原则,需要我们付出真心去实践。我不是在倡议处事的技巧,而是在探讨一种全新的生活方式。

在此,让我们来探讨一下怎样改变他人。如果我们能够激发起对方意识到他自己的潜能所在,那么我们远非改变对方那么简单,我们可以从本质上转化他的人格。

我是不是太夸张了? 那就让我们听听威廉·詹姆斯这位杰出心理学家、哲学家的观点:

> 较之于我们所应该成就的,我们的意识仅觉醒了一半。我们仅仅在运用自身心智和体能的一小部分。广义上来讲,人类个体远未超越其极限。个体拥有各式各样的能量,可他却熟视无睹,疏于运用。

真的,正在阅读詹姆斯所言的你,其实拥有各种各样的潜能,而你却疏于去发现和运用。赞美他人就是这当中的一个;这是你的神奇力量,你应当将之充分发挥:赞扬他人、激励他人去发现他自己潜藏的、未曾被挖掘的能力。

批评会让个人的能力枯萎、凋零,只有鼓励才可以让能力开花、结果。要成为一名高效的领导人,你应当时时表扬他人。

原则之六:请真诚、慷慨地发出赞美

7

给你的爱犬取个好听的名字

如果你手下原本敬业、称职的员工开始变得傲慢，你会如何反应？你可以开除他或她，但这不是真正解决问题的办法。你也可以训斥他或她，但这往往会引发他或她对你的憎恨。

亨利·亨克是印第安纳州洛厄尔地区一家重型卡车销售部的售后服务经理，他手下一名机修工的工作表现不那么令他满意。不过，亨克先生没有斥责他，也没有以解雇威胁他，而是把机修工叫到办公室，进行了一次促膝谈心。他是这样说的：

> 比尔，你是名不错的机修工，你在这一行干了好些年了，表现不错。可是，最近你干每一件活的时间都拉长了，且远不及你以前的工作质量。你过去是名优秀的机修工，可我现在得让你知道，我对你此时的工作表现有些看法。或许，我们俩可以一起来找一找解决问题的办法。

比尔回应说，他一直没有意识到自己的工作表现欠佳，同时还表示，他当下的活计远没有超出他专业知识和能力的范畴，他一定会在今后的工作中努力改进。

他改进了吗？你可以作出肯定的猜想。没错，他改进了，再次成为公司里知识最全面、工作最高效的机修工。亨克先生给予他这样高级别的荣誉，他怎么可能不专心致志、将手中的活计干得像过往那般令人满意？

时任鲍德温动力机车厂总裁的塞缪尔·沃克莱恩说过，如果你对普通人心怀敬重，如果你告诉他或她你看重他或她某方面的能力，那么那人定会很乐意被你牵着鼻子走。

一言以概之，如果你想要求对方在某方面有所进步，请不要教他，但要告诉他或她本身已经具备那方面的品质和修行。莎士比亚说过，就算他或她不具备某方面的美德，那你也得假设他或她已经具备。莎翁之言可以这样阐释：你要对方朝哪一方面进步、发展，你就公开地"授予"他或她那方面的素质。冠以他人一个美名，他们会竭尽自身的聪明才智去努力，他们不会让你大失所望。

作家乔吉特·勒布朗在其《纪念我和梅特林克的生活》一书中描述了一位卑微的比利时"灰姑娘"的转变过程：

> 一位女佣从邻近的酒店给我送来饭食。人们称她"洗碗的玛丽"，因为她开始的第一份活计是洗涤室里的杂工。她长得有那么点儿怪：双眼之间的距离很宽，双腿呈罗圈状，肤色暗淡，整个人的精神面貌显得很差。
>
> 有一天，她给我送来一盘通心粉，双手冻得发紫。我挨近她的身旁，说："玛丽，你可知道自己身上有好些优点？"

玛丽的应对是沉默。由于性格内向,她害怕自己一丁点儿的身体语言会招致不可收拾的后果。过了一会儿,她才把盘子放在餐桌上,叹口气,露出天真的笑容说道:“夫人,我从来没有想过。”她没有疑问,也不向我讨教为什么。她径直走向厨房,口中重复着我的话;我的话绝非一种奚落,是一种信任、一种力量。从那天起,她的内心便存着某种信念,她相信自己是躲在礼堂帷幕后面的压轴好戏,她开始留意自己的容貌和身体,她那缺乏营养的年轻躯体仿如盛开的鲜花,从而掩饰了她的平庸。

两个月之后,她宣布要和厨师的侄子结婚了。“我就要成为贤淑的女士了。”她告诉我,并且感谢我当时的那一句简短的赞许,说它改变了她整个人生。

比尔·帕克是佛罗里达州代托纳比奇地区一家食品公司的营业代表。最近,公司推出了一款新产品,比尔既兴奋又沮丧,因为一家大型独立食品商店的经理不让新产品在他的店里出售。他在公司里冥思苦想了一整天,决定在回家之前去趟商店做最后的争取。他对经理说:

杰克,上午和你分手时我意识到自己没有将新产品向你作全面的介绍,现在请给我点儿时间容我补充说明一下,好吗?一直以来我都非常欣赏你,因为你乐于倾听、心胸豁达、勇于创新。

杰克忍心拒绝吗?比尔给予他那么高的评价,他怎能拒绝?

马丁·菲茨休博士是爱尔兰都柏林市的牙医。一天早上,其中一位患者告诉他,她用来清洁口腔的那只纸杯的金属杯托不那么干净。菲茨休博士吓了一跳。确实,患者不用金属杯托喝水、漱口,而是用纸杯。不过,诊所里使用色泽暗淡的金属器皿会给人不专业的印象。

患者离开之后,菲茨休博士旋即回到自己的办公室,给清洁女工布里奇特写便条。布里奇特每周为他的诊所搞两次卫生。博士是这样写的:

> 我亲爱的布里奇特:
>
> 我很少有机会见到你,所以在此我要向你表达谢意,你的清洁工作干得很不错。记得我和你提过,每周两次、一次两个小时的清洁工作非常有限,你可否在方便的任何时候再抽出半个小时,打理一下那些你认为有必要"时不时"给予关注的东西,如金属杯托等等。当然,我会为你的额外付出给予报酬的。

结果如何呢?菲茨休博士告诉我们:

> 第二天,当我回到办公室,发现书桌给擦得像铁镜子般锃亮,座椅也是如此,光滑得几乎要使我滑落地上。我走进治疗室,看见那只杯托在器皿柜里熠熠发光。我仅只给了清洁工少少的赞誉,她的表现便大大超过了以往。干这些活儿她可有额外增加时间?没有,根本就没有!

有句老话说得好:给狗取个恶名就等同于杀了它。那么,冠以美名呢?

让我们来看看:纽约市布鲁克林区的露丝·霍普金斯夫人任教小学四年级。在新学期开始的第一天,霍普金斯夫人看着班级的花名册,兴奋和喜悦的心情中纠结着焦虑和烦恼——托米这个全校出了名的“坏小子”来到了她的班上。托米三年级时的老师曾经逢人便说他的不是,这当中有老师,有校长,逮着谁就和谁控诉。和男孩打架、捉弄女生是托米的家常便饭,越是长大,越不学好。托米唯一令人佩服的是他的学习能力:接受能力强,很快便能掌握课本知识。

霍普金斯夫人决定立即着手应对这一问题学生。通常,每当见到新学生,她都会给予小小的赞许。“露丝,你今天穿的裙子真漂亮噢。”“艾丽西娅,听说你很会画画儿哟。”她看见托米了,她直视着他,说道:“托米,我知道你是个天生的长官。我想请你帮助我管理好班务,让我们争取在今年成为四年级最棒的班级。”在开始的那几天,只要托米做好了一件事,她就给予表扬。虽然托米只有九岁,但由于被老师冠以美名,他怎能不守校规而让老师失望呢?

如果你想在改变他人态度或行为方面胜人一筹,请授予他人名誉。

原则之七:冠以美名,促使他人进步

8

纠错时，为对方创造轻松的环境

我的一位年近四十的单身汉朋友终于订婚了，他的未婚妻游说他应该去学学跳舞。他告诉我说：

> 哎，老天也知道我该学学跳舞，二十年前我就参加舞蹈训练了。教我的第一位老师有可能跟我说了实话。她说我跳得一塌糊涂，她要我忘掉一切，从零开始。她的话让我失去了信心，一点儿动力都没有，所以我把她炒掉了。
>
> 第二位老师有可能没和我说实话，可我喜欢那样。她说我的舞蹈动作可能有那么点儿不对劲，但总体基本功还是好的，应该可以很快学会一些新的动作。她说的时候显得若无其事，这给我信心。和第一位总是揭我毛病的老师相反，她没有打击我，反而，她总是表扬我、忽略我的动作失误。她向我保证："你很有节奏感，你天生就是跳舞的料，真的。"其实，我的常识告诉我，自己的舞技永远都只不过是四流水平。不过，在我的内心深处，我还是愿意认为老师说的或许是对的。确切地说，我是在掏钱让她这么说。为什么不可以呢？不管怎么说，要不是她

表扬我很有节奏感，我不可能较以前跳得要好。她的表扬鼓励了我，让我看到了希望，让我有了追求进步的动力。

如果你和孩子、伴侣或是员工这样说话："你好笨、好迟钝"，"你天生就不是干这事的料"，"你把事情弄得一团糟"，那么你就摧毁了对方改进的动力。但是，如果你以宽容的心胸加以鼓励，让对方明白你相信他的能力及天赋尚未开发，他一定会不断努力争取完美。

洛厄尔·托马斯就是这样一位高超的人际关系"艺术家"。他总是给予他人信心，赋予他人信任和勇气。我曾经和托马斯夫妇共同度过一个愉快的周末。一个周六的晚上，他们邀请我玩桥牌。桥牌？噢！不！不！不！我不能玩桥牌，我可是一窍不通。桥牌对我来说就像是一个解不开的谜。不！不！我不能玩桥牌！

"为什么？戴尔，这一点儿都不难，"洛厄尔回应我，"玩桥牌只需要你的记忆力和判断力。你的记忆力那么好，写了那么多文章，桥牌对你来说只是小菜一碟。你就是适合玩桥牌。"

嘿！我几乎还没有弄清楚自己在干些什么，就已经平生第一次坐在了桥牌桌旁，就因为别人告诉我桥牌玩起来很简单，而说我有这方面的天赋。

一说起桥牌，就让我想起了伊利·卡伯特森，他有关桥牌的著述发行量过百万，且被译成了好几种文字。他曾告诉我，要不是有位年轻的女士说他有桥牌方面的潜能，他不可能以此为生且有所建树。

1922 年，卡伯特森先生来到美国，想从事哲学和社会学的教学工作，但未能如愿。

然后,他去贩卖煤炭,以失败告终。

接着,他干起咖啡饮品的营生,还是血本无归。

他转而玩起了桥牌,不过,当时他从没有想过有朝一日会教人玩桥牌。那时,他的牌艺不仅很糟糕,而且人还特执拗。他老是向对手提问,牌局散后还总是回过头去检验当时牌路是否妥当,以至于后来没人愿意和他打牌。

之后,他结识了一位桥牌老师约瑟芬·狄龙,后来还和她结为连理。妻子发现他对牌路的分析细致入微,所以认为他在牌术方面有一定的潜能。卡伯特森告诉我,正是妻子的鼓励才促使他投身于桥牌这个竞技职业。

克拉伦斯·M. 琼斯是我们在俄亥俄州辛辛那提市培训班的辅导员,他向我们讲述了他儿子的人生故事——因为受到鼓舞,他儿子的生命轨迹从此转向。

> 1970 年,我儿子戴维来到辛辛那提和我一起生活,那年他十五岁。这之前,他的日子过得颇为艰辛。1958 年由于遭遇了一场车祸,他的前额留下一道难看的伤疤。1960 年,我和他母亲离异,他随母亲搬迁到得克萨斯州的达拉斯。十四岁以前,他一直都在专为智障儿童而设的特殊学校念书。有可能是因为他额头上的伤疤吧,学校当局认为,他受创的头脑不可能像正常孩子的脑袋瓜子那么灵。他比他的同龄人落后了两年的学业,所以十五岁了还在上七年级,即便是这样,他还记不住乘法口诀,做算术题时要十指并用,阅读能力更是差得不行。
>
> 不过,他还是有闪光点的,他喜欢捣鼓收音机、电视机,他想将来当一名技工。我鼓励他,并且提醒他要把数学学好才能胜任机电修理的

工作。我决定帮助他学好数学。我们找来四套卡片,分别写有加、减、乘、除的各类算式题。戴维每做对一张卡片上的题目,我们便把它放进一个不需再做的堆里,而每当他做错一题,我就告诉他正确答案,并将该卡片放进需重做的一堆里。然后,我再将错题一题一题地让戴维重做,直至需重做的堆子里一张卡片不剩。每晚做题时,我们都把计时器放在一边。我向他许诺:只要他哪天在八分钟之内能够不错一题地完成所有的计算,我们就不再做这样的训练,这对于戴维来说似乎是不可能实现的目标。第一个晚上他花了五十二分钟,第二个晚上是四十八分钟,继而是四十五分钟、四十四分钟、四十一分钟、四十分钟以下。我们为每一次的进步而欢呼。我和太太都拥抱他,和他跳上一段吉格舞。在当月的月尾,戴维真的在八分钟以内正确地做完了卡片上的所有算术题。此后,每当他有了小小的进步,他都会要求重做一遍那些算术题。在他看来,学习已不再是难事一桩,学习给他带来了乐趣。

这样,戴维在代数方面迈上了一个新的台阶。当然啦,如果你懂乘法,你便会感觉代数题做起来是那么容易。最后的数学考试他得了个B,这让他非常惊讶,这可是之前从未有过的呀!而他随之而来的其他进步则是令人难以置信地快速:他的阅读速度大大提高,他还开始画画呢。在那个学年的末尾,自然科学课老师布置他做一项实验展示,他选择了一组高度复杂的模型以展示操纵杆的工作效果。这项作业不仅涉及图纸的临摹、模型的制作,还运用到数学知识。戴维的作业在他们学校的科学展览会中获得第一名,且被选送参加辛辛那提市的比赛,并获得了三等奖。

那是发生在戴维身上千真万确的改变,一夜之间,他猛然发觉自己可以学好,可以有所成就。此前,这孩子还曾经留过级,被人认为脑子有毛病,同学称之为"怪物",说什么"他的脑汁一定是在当年的车祸中流掉了"。结果呢,从他八年级的下半学期开始直至高中毕业,戴维再也没有掉过队,且连年获奖。高中阶段他还被选进全国荣誉社团。一旦感觉学习并非难事,他便改写了整个人生。

如果你想帮助他人进步,请谨记:施以鼓励。

原则之八:鼓励,让人感觉进步并非难事

9

让对方欣然从命

1915 年，美国举国一片惊恐，因为欧洲各国大规模的血腥杀戮已逾一年之久，史无前例。何时才能看到和平的曙光？无人知晓。但伍德罗·威尔逊决计一试：派他的私人和平特使前往战火连绵的欧洲斡旋、调停。

威廉·詹宁思·布赖恩时任国务卿；布赖恩是位和平的拥护者，所以他渴望前往欧洲，实现其服务大众、名垂青史的远大抱负。可是，威尔逊却指派了他的密友兼军师爱德华·M. 豪斯上校去执行这次使命。此外，威尔逊还要求豪斯执行另一个棘手的任务：转告布赖恩他的决定，但不能伤及他的感情。

以下是豪斯上校在日记里的记录：

> 得知我将作为和平特使前往欧洲，布赖恩相当失望。他说他已经做好了部署，想亲自出马参与调停。我解释说，总统认为以官方的名义去欧洲处理这事不怎么明智，他的出现有可能引起公众过多的关注，而且国民也会有所猜疑……

你看明白个中的暗示了吗？豪斯上校实事求是地告诉布赖恩：他身居要职，不可以避重就轻地去担任和平特使。如此，布赖恩便可以欣然面对威尔逊的安排。

其实，当时豪斯上校的机智表现正应验了这一人际沟通的原则：让对方欣然接受你的建议。

伍德罗·威尔逊在力邀威廉·吉布思·麦卡杜加入其内阁时也运用了这一原则。受到总统青睐本已是最高荣誉，而威尔逊当时向麦卡杜发出邀请时的措辞，更是让后者感到了无尽的荣幸。以下是麦卡杜的亲述：

> 他(威尔逊)说他正在组建内阁，如果我能接纳财政部部长这一职位，他将不胜感激。他说话时笑容可掬，给我表达出这样一个印象：如果我能够应允他的请求，我可以助他一臂之力。

遗憾的是，威尔逊没有时刻注意这一交际原则的运用，要不然美国的历史有可能会改写。威尔逊在位期间未能让美国进入国际联盟，这让参议院及共和党极为不满。他还不让共和党杰出的领导人，如伊莱休·鲁特、查尔斯·埃文斯、亨利·卡伯特·洛奇等随他一道参加和平大会，却挑选其党内名不见经传的小人物和他一道出席。他冷落共和党人，拒绝他们染指国际联盟。结果，这种粗暴的处理方式不仅毁了他的事业，还毁了他的健康和性命，并且还使得美国无缘国际联盟这一历史舞台。

“让对方欣然从命”这一处事原则，并非政治家和外交官的独享。我们平常百姓也可以游刃有余地加以运用。我们印第安纳州韦恩堡的学员戴尔·O.费里尔就是运用这一原则鼓励孩子们干家务活的：

杰夫的一项家务活就是在梨树下拾捡树上掉下来的雪梨，这样就可以让我们在给草坪剪草时减少一样活计。杰夫不喜欢干这活，好些时候他都置之不理，要不就是留下些梨子让我们在剪草时去拾掇。我不愿和他针锋相对，只是找了个时机对他说："杰夫，咱俩来做笔买卖吧。只要你捡满一篮子的雪梨，我就以一块钱买下。但是，一旦你宣布活儿干完了而我却发现草坪上还有梨子的话，我就要收回那一块钱。你觉得怎么样？"正如你可以想象的那样，哈哈，草坪上的梨都给捡拾起来了，而且，我还得多长一只眼睛监视他呢——不让他摇梨树让雪梨掉下来填满他的篮子。

我认识这样一个人，好些人都邀请他作演说。这些人中有他的朋友、他的恩人，不过，他没有答应任何人的邀请。他回绝得相当机智、得体，从没有让对方感到不满，他是怎样做到的呢？他不是仅仅以忙碌作为推脱，而是同时向对方表达受邀的谢意及不能遂愿的遗憾。此外，他还推荐其他人选。这样，他就不会因自己的婉拒而让对方不悦了。

冈特·施密特是我们培训班的学员，他食品店里的一位雇员总是忘记把食品价格标签贴在货架相应的位置，这致使顾客很困惑，因而投诉不断。施密特先生先后给过她提示、警告，甚至正面的训斥，可都不管用。最后，施密特先生想出这么一招：把她叫来办公室，告诉她从今天起由她担任价格监督一职，负责展示架上所有食品价格标签的核对工作。从此，这一项新的头衔和职责完全改变了她的工作态度,工作表现令人满意。

这种做法是否有点儿孩子气?或许是吧。可据说,拿破仑亦曾经使用过这一招。他设立荣誉军团,给一万五千名士兵授予勋章、十八位将军授予“法国元帅”的称号,还盛赞其军队为“威武之师”。人们批评拿破仑,说他是在给深受战火摧残的老兵送“玩具”。拿破仑是这样回答的:“玩具就是用来指挥人类的。”

授予头衔和荣誉是拿破仑的绝活,同样也可以是我们交际的技巧。我在纽约斯卡斯代尔的一位朋友欧内斯特·亨特夫人,她家的草坪总是被一群男孩子践踏,她感到非常恼火,斥责、哄骗都不管用。后来,她试着给男孩当中最顽皮的那个冠以“侦探”的头衔,让他负责看管好行人,不准他们任意践踏草坪。由此,那个小头目感到自己很有权威:他在屋子后院点着一堆柴火,站在熊熊火焰一旁,警告男孩们不准再踏进草坪半步。

作为一位高效的领导人,当你感觉有必要改变对方态度或举止时,请务必做到以下几点:

1. 付出真心。若你没法做到时请不要承诺。忘记一己之利,请多多考虑对方的利益。

2. 清晰地知道你对对方的要求。

3. 同情对方,思忖对方的真正所需。

4. 思量一下你的建议有可能给对方带来的好处。

5. 分析一下你给对方带来的好处,是否和他的真正所需相匹配。

6. 将你的要求以恰当方式向对方传达,让他感到可以从中获益。

我们有可能会向对方发出唐突的指令,例如:“约翰,明天有客人来我们这儿参观，请把仓库好好整理一下，把地板拖一拖，架子上的货品堆整齐点，柜台也要擦干净。”或许，我们更应该从另一个角度将指令传达出去：让约翰明白他从干活中可以得到好处。我们可以这样说：“约翰，这会儿我们得马上干好一件事，如果现在干好了，以后就不会那么麻烦了。明天，我们要领一些客人来看我们的设施，我会带他们去参观我们的仓库，但这会儿仓库里边乱糟糟的。如果你可以去打扫打扫，把架子上的货品摆放整齐，把柜台上的灰尘擦洗擦洗，那就最好不过了。客人会感觉我们的内部运作井井有条，而那可是你在其中的参与和贡献呀。”

约翰会欣然受命吗？或许他不怎么乐意，但总比听到你唐突、粗暴的命令感觉要好，他会听从指挥的，他明白那活儿终究是要干的。他这会儿干好了，以后就不必再干了。

当然，如果你认为运用这样的沟通技巧便可以听到对方积极的反响，那未免太过天真了。但是，大多数人的实践经验显示，这样做更有可能改变对方的态度；哪怕成功率较之前只是增长了10%。

如果你的领导效率可以较以前提升10%，这正是实践这一沟通技巧所给予你的收益。

授予他人头衔、荣誉和权威，他们会更乐意听你指挥。

原则之九：让他人欣然接受你的建议

小　结

原则之一:沟通时以真诚的赞美开始

原则之二:间接地指出他人的过错

原则之三:批评对方之前先反省自己

原则之四:以询问取代直接的命令

原则之五:给他人留住颜面

原则之六:请真诚、慷慨地发出赞美

原则之七:冠以美名,促使他人进步

原则之八:鼓励,让人感觉进步并非难事

原则之九:让他人欣然接受你的建议

第五章

创造奇迹的信函

我肯定知道你这会儿的想法。你有可能这样自言自语:信函可以带来奇迹?!荒唐!江湖骗子的宣传而已!

若你有这样的想法,我也不怪你。十五年前,如果我看到书上这样说,我也会有和你一样的想法。你对我有所怀疑?可以,我就喜欢怀疑一切的人。我人生的前二十年是在密苏里州度过的,我喜欢密苏里人,因为他们对周遭事物总是持怀疑的态度。

其实,我们人类思想的一切进步,都源于怀疑者、挑战者、验证者的质疑。

请坦白、如实地回答我:“创造奇迹的信函”这一标题是否准确?不准确。坦承地告诉你,我也觉得这个标题不妥。这个标题只不过是对真实情况的轻描淡写。事实上,本书展示的信件所产生的收益非“奇迹”二字可形容。是谁这样认为的呢?肯·R. 戴克,美国史上最杰出的营销人才、前约翰—曼维尔公司的营销部经理,现任高露洁棕榄公司的广告经理、全国广告协会董事会主席。

戴克先生说,以前他向交易商发出的咨询信函,往往仅有5%至8%的回复率。他认为15%的回复率已经非同寻常的了,而如果回复率高达20%的话,那简直就是个奇迹了。

戴克先生的一封信曾达到42.5%的回复率,以戴克先生的标准来衡量,那是奇迹的两倍。

戴克先生的信何以如此成功?肯·戴克如是说:

这封信的奇效,是我在参加完卡耐基先生有关“高效沟通”课程之后不久发生的。从培训课程中我领悟到,自己之前的沟通方法完全是错误的。我将培训班里所学到的交流技巧运用在信函的表达中,结果,信函的回复率较以前有5%至8%不等的增长。

以下是原信的全文。我的评论以括号显示。

亲爱的布兰克先生:

请问你可否帮我一个忙,解决一个小小的难题?

(让我们清晰地想象一下这样一幅图景:印第安纳州的一位木材经销商收到约翰—曼维尔公司高层的一封信,而在信的开首,地处纽约、享受着高薪厚禄的这位行政高管,却在请求别人帮忙解决困难。我可以想象得出,远在印第安纳州的布兰克先生会自言自语:哈哈,这位纽约的仁兄可找对解决困难的最佳人选了。我一直以来都乐于助人。看看他遇到了什么麻烦。)

去年,我成功地以事实向公司证明:持续整年由约翰—曼维尔公司支付费用的直邮活动,帮助我们的木材经销商大大提升了销售额。

(远在印第安纳州的商人或许会说:当然啰,他们就该支付邮资,他们从买卖中赚了那么多利润。他们赚了过百万,可我只是勉强度日……哎,这位仁兄到底有什么困难呢?)

最近,我向一千六百位经销商发去问卷调查,有好几百人给了我回复,告诉我他们喜欢这种合作方式,认为直邮对他们的营销有所帮助。得知这一消息,我非常高兴。

所以,我们一鼓作气,现在再次向你发去邮件。我相信你会一如既往地和我们配合,更好地配合。

今天早上,总裁和我讨论起去年的工作报告,他问我这当中有多少桩交易是我跟进的。所以,我不得不向你求救,请你来帮我回答这个问题。

(这句话说得可真好!“我不得不向你求救,请你来帮我回答这个问题。”在纽约写信的这位大人物说的是大实话,他是在赋予约翰—曼维尔公司在印第安纳州经销商诚挚的认可。请注意:肯·戴克先生并未在此浪费时间强调公司的重要性,而是强调收信人对他工作的重要影响。他承认:如果没有经销商的帮助,他不可能向总裁提交报告。当然啰,远在印第安纳州的布兰克先生很在意这样的说法了。)

在此,我想请求你:(1)在随信附上的卡片上填写相关的信息,告诉我们,去年我们的直邮举措给你的屋顶销售业务有多大的帮助?(2)请尽可能准确地告诉我,你一年来业务量的毛利是多少,请精确到美分。

对于你友善的配合,本人在此表达万分的感激。

你真诚的

肯·R.戴克

营销部经理

（请留意，在信的末尾，戴克先生将“你”放在句首的醒目位置，此外，他还不吝美言，如“友善的”、“万分的感激”等。）

很简短的一封信，对吧？但就是这么简短的信却创造了“奇迹”。凭借什么呢？——请求对方帮一个小小的忙，让对方有种受到尊敬的感觉。

无论你是干销售石棉屋顶的营生，还是驾驶福特汽车周游欧洲，这样的心理激励法都管用。

有例为证：有一回，我和霍默·克罗伊在法国境内开车兜风时迷路了。我们只好将老福特车停下来，向一群农民问路。

我们的提问可造成了不小的轰动。这些脚踏木屐的农民认为，所有美国人都富庶得不得了，因为那个时候小轿车在那个地区很少见，可说是极为罕见。所以，我们俩一定是百万富翁了，说不定还是亨利·福特的侄子呢。可他们在某些方面比我们懂得多呀！虽然我们比他们有钱，可我们还是得毕恭毕敬地向他们询问通往下一个村镇的旅行路径。我们俩礼貌地询问，让这些农民有种尊荣感。霎时间，这群人仿佛炸开了锅的开水兴奋地讨论起来。有个人喝令大伙安静下来，原来他想独享指路的荣耀和兴奋。

你不妨也试一试。下次当你来到一个陌生的城市，向一位无论经济还是社会地位都不如你的人问路，试着这样说：“请问你可否帮我一个小小的忙？能否告诉我去某处的路该怎么走？”看看你会受到怎样的礼遇？

正是运用“尊敬”这一原则，本杰明·富兰克林将一位极尽讽刺、挖苦之能事的劲敌，转化为终身的朋友。年轻时期的富兰克林，倾其所有的积蓄投入到印刷生意上。其时，他成功当选了位于费城的州议会的书记员，这一职位给他带来很多官方的印刷业务。可是，威胁也同时出现了。州议会里尤为富有的一个能人很不喜欢富兰克林，在公众场合总是说他的坏话。

这情势很危急，对富兰克林极为不利。富兰克林下决心要将此人对他的态度扭转过来。可是，该怎么办呢？这可真不是件易事。给这位劲敌一些小恩小惠？不，不，这有可能引起他的疑心，甚至鄙夷。富兰克林不至于愚蠢到作茧自缚的地步；他反其道而用之——请求对手给予帮助。

富兰克林可不是向此人申请十美元贷款！富兰克林的请求达到了“取悦”的效果：满足了此人的虚荣，表达了对其才智和成就的认可。富兰克林如是说：

> 听说他书房里有一本稀缺的藏书，我给他去信，表达对该书的仰慕，并且请求他借我几天时间一睹为快。
>
> 他马上就借出了那本书给我，一周之后，我将书归还，此外还附上一张便条表达我万分的谢意。
>
> 在接下来的州议会的会议里，他很有礼貌地和我打招呼，那是以前从未有过的事。从此之后，我的每一桩事务他都热心参与，所以我俩成了至死不渝的好朋友。

本杰明·富兰克林虽已经仙逝一个半世纪了,但他所运用的心理战术依旧适用于我们当今的人际交往和商洽活动。

我其中的一位学生阿尔伯特·B.阿姆泽尔的经历就是典型的一例。阿姆泽尔先生是水暖器材销售商,他努力了好些年,设想和布鲁克林区的某位水暖工做成生意,因为该技工的业务范围非常广,且名声也很不错。可是,在接触的初始,阿姆泽尔便败下阵来:这位技工以粗俗、下流自居,说起话来令人难堪。每当阿姆泽尔推门而入时,该技工总是歪坐在办公桌后面,嘴角叼着一根雪茄。他朝阿姆泽尔大吼:"今天我不需要买器材!不要浪费大家的时间!滚吧!"

有一天,阿姆泽尔先生试着以全新的沟通技巧拜访该位技工。结果,他打破了坚冰,结交到朋友,还签下了不小的订单。当时,阿姆泽尔的公司正准备在长岛的女王村开分店,女王村正是该技工的业务区,因而他很熟悉这一地段。所以,这次阿姆泽尔先生拜访他时,是这样说的:"今天我可不是来向你兜售器材的,我是来向你讨教的。你可以给我一分钟的时间吗?"

"噢?什么事?快讲。"水暖工拿下口中的雪茄,说道。

"我的公司正在考虑在女王村开家分店,"阿姆泽尔答道,"你是最了解那个地段的人,所以我来向你请教,公司的想法是否可行?"

这可是新鲜事儿头一桩!这么多年来,这位水暖工都是从呵斥、谩骂推销员的快感中获得"自尊"。可如今却有推销员来向他讨教,向他咨询公司是否该有大的举动。

"坐吧。"技工拖来一把椅子,说道。在接下来的一个小时里,他详详细细地道出了女王村水暖器材市场的前景和优势。他不仅赞成公司分店的开设地点,还为公司作出细致的规划:购买店铺的整个流程、器材的贮备、店铺的开张等。

阿姆泽尔先生告诉我:

那天夜晚道别时我满载而归:牢固的合作基础,外加一沓厚厚的订货单。这位曾经吼我、怒骂我的技工,这会儿正和我玩着高尔夫呢。正是我的讨教给了他一种“尊荣”感,从而转变了他待人接物的态度。

让我们再来仔细分析一下戴克先生的另一封信函,看看他是怎样运用“求援”心理战术的。

好些年前,戴克先生总是无法说服商业同行、承包商及建筑师给他回复信件、提供信息,为此他极为沮丧。

在那些日子里,建筑师、工程师们给予他的回复率极少超过1%。在他看来,1%的回复率已经是不错了,而5%则是佳绩。如果是10%呢?嘿!10%就是个奇迹了。不过,这期间有封信的回复率竟几近50%,那是奇迹的五倍呀!而且,其中一些回复长达两至三页!那是怎样的回复啊——字里行间全是友善的提醒和积极的配合。

以下就是这封信的原文。细细品味个中的措辞及心理战术的运用,你就会发现此信和上一封的风格如出一辙。请你以收信者的身份细细品味字里行间的温情,并且从中找出其五倍于“奇迹”的缘由。

亲爱的多伊先生:

请问你可否帮我一个小小的忙?

大约在一年前,我建议公司为建筑师们准备一份J-M大厦的建材目录,并且注明在修葺和重整时他们应当担当责任的部分,我告知公司当局,那是建筑设计师最为急需的手册。

随信附上的正是这个目录,是第一辑,可是现在库存不是很多了。我将这一情况告知我们的总裁,他说他不反对再编一份册子,但必须有令人信服的证据显示,第一辑目录达到当时我们设计发行的初衷。

所以,我必须寻求你的帮助、必须诚邀你及全国各地其他四十九位建筑师,共同为我们第一辑目录的成效进行评判。

为了简单起见,我在信函的背面写下了一些问题,敬请你留意作答。如你有任何感想或是评论,请不吝赐与。随信附有回邮信封,若你能及时回复,本人不胜感激。

至于说目录是否应该停止印刷,或是在改进的基础上重印,我们完全取决于你的过往经历及建议。当然,我们并没有认为你非回信作答不可;一切取决于你的意愿。

无论怎样,对于你给予的配合我将不胜感激。

再次致谢!

你诚挚的

肯·R.戴克

营销部经理

我在此给你一个警醒:过往的经验告诉我,有些人读完这封信后,有可能会机械地运用“尊荣”这一心理战术。他们会让收信人自我膨胀,但不是出于真心实意,而是虚情假意的谄媚。他们这种伎俩是不可能见效的。

请谨记我们大家都渴望被认同、受到赞扬,且会不惜一切代价去获得认同和赞扬。但是,任何人都接受不了虚情假意,任何人都不需要奉承。

请允许我重申:我们只有付出真心的实践,本书所授予你的处事原则才有可能奏效。我不是在兜售技巧,我是在提倡一种生活方式。

第六章

创造幸福美满的家庭生活

1

唠叨：婚姻走向坟墓的致命因素

七十五年前，法国国王拿破仑三世，即拿破仑·波拿巴的侄子，和世上最美丽的女人玛丽·欧仁妮伯爵夫人堕入情网，并结为秦晋之好。但是，拿破仑三世的智囊们都提醒他，玛丽只不过是西班牙一位名不见经传的伯爵的女儿。“那又怎样？”拿破仑驳斥道。他认为玛丽的年轻、优雅、魅力及美貌和他是神圣的绝配。他公开向全国表态：“我宁愿要一个我爱的女人，我尊重的女人，也不要一个我对她一无所知的女人。”

拿破仑和他的新娘获得了完美姻缘所该有的一切：健康、财富、权力、声望、美貌、爱情及仰慕。他们圣洁姻缘的炽火光芒四射、史无前例。

可是，这圣洁的炽火很快就转为扑闪的火苗，几近熄灭。拿破仑可以让玛丽·欧仁妮成为王后，但是，不管是他爱情的力量还是皇冠的威力，都没法阻止她唠叨、乖张的举止。

出于嫉妒和怀疑，玛丽对国王的命令充耳不闻，甚至不能给予国王丝毫的隐私权利。她冲进他的办公室，中断他处理国家事务，她还打断他单独处理公务，理由是害怕他有可能和别的女人厮混在一起。

她常常跑去见她的姐姐，向她投诉自己丈夫的不是，抱怨、苦恼、唠叨、恐吓……不一而足。她常常跑去国王的书房,谩骂他、怒斥他。拿破仑这位法国君主,这位坐拥大片富丽奢华皇宫的主人,却根本无法找到一个静谧的安身居所。

在闹腾了这一切之后,玛丽·欧仁妮得到了怎样的下场呢?请看 E. A. 莱因哈特的巨著《拿破仑与欧仁妮:一个帝国的悲喜剧》的讲述:

> ……如此一来,拿破仑常常只有在夜晚时分从侧门偷偷溜出皇宫。他头戴一顶软边帽,帽檐儿遮住双眼,由他的密友陪同,要么真的是放纵自己和风尘女子厮混,要么在大马路上瞎逛,流连于作为皇帝不能见到的景致,狠狠地嗅嗅市井的气息。
>
> 这真的是玛丽的活该!她的唠叨成就了国王的出轨。没错,她是世上最美丽的女人,但是,在这个唠叨喷发的有毒氛围里,美貌不可能让爱情复活。玛丽有可能会歇斯底里地大喊大叫:"我最为惧怕的事情降临到我头上来了。"降临到她的头上?是她自己招惹的,对!是她的嫉妒及唠叨使然。可怜的女人!唠叨是地狱间摧毁爱情最为致命的祸端。唠叨摧毁了一切爱情,它就像恶毒的眼镜蛇,总是在扼杀、毁灭。

同样,列夫·托尔斯泰伯爵之妻也意识到唠叨的致命伤,只可惜,她觉悟得太晚了。

临终之际,她向女儿们坦承:"是我害死了你们的父亲。"儿女们无言以对,恸哭流涕。她们明白,自己母亲说的是大实话,也清楚是母亲常年的抱怨、批评及唠叨置父亲于死地。托尔斯泰和妻子本可以幸福地相守在一起。他是杰出的小说家,他那两部巨著《战争与和平》和《安娜·卡列尼娜》已经载入人类文学史的光辉史册。

托尔斯泰闻名遐迩,崇拜他的人日夜紧随他、记下他的一言一语;甚至于类似“我该休息了”之类琐碎的话语都一一记录下。现今,俄国政府已经将其著作结集出版,总量达一百卷之多。

除了名声,托尔斯泰夫妇还享有财富、社会地位和版税,且儿女成群。天底下应该没有哪一桩婚姻生活比他们更为绚烂。起初,他们的幸福生活无与伦比,他们的浓情厚意如胶似漆;他们双双向上苍祈祷,保佑他们的美满生活恒久不变。然而,天有不测风云。托尔斯泰渐渐变得判若两人,他为自己曾经的著作感到无地自容,继而将个人精力投注到撰写有关倡导和平、铲除贫困和战争的小册子上。

这位大文豪曾经坦承,在青年时代他无恶不作,甚至还杀过人,所以现在他要重新做人,依照上帝的教义行事。他放弃了自己所有的每一寸土地,过起赤贫的田园生活:耕地、伐木、收割草料。他自己做鞋子,亲自打扫屋舍,用自制的小木碗就餐,还尝试着去热爱自己的对手和劲敌。

托尔斯泰悲剧般的人生源于婚姻的不幸。其妻贪图奢华及社交的虚荣;但在托尔斯泰看来,这些都是虚无的浮华,没有任何意义。妻子渴求金钱、企盼富庶的生活,但托尔斯泰认为拥有财富和资产是罪恶的。所以,他坚持放弃一切版权和版税,这让妻子极为不满,她唠叨、斥责、大吵大闹,经年不绝。她吵着向丈夫要稿费,一旦丈夫反对,她便开始表现出歇斯底里的狂怒;她在地上打滚,嘴角放着一只瓶子,威胁说要自杀。

在我看来,托尔斯泰的出走和死亡,是人类家庭生活史中最为悲惨的一幕。如我之前所言,新婚伊始,他们幸福无比。不过,经历了长达四十八年的厮守，托尔斯泰对妻子无常的唠叨忍无可忍。有个夜晚，出于对情感的强烈渴求，心力交瘁的老妻向他下跪，哀求他为她朗读优美的爱之呓语，那是五十年前托尔斯泰留在自己日记里的记忆。当托尔斯泰念及那些一去不复返的甜美时光，两个人双双痛哭。现实生活与他们曾经梦寐以求的憧憬，是何等地迥异呀！

八十二岁的托尔斯泰，再也无法容忍家庭生活的悲哀。1910 年 10 月，在一个风雪交加的夜晚，他逃离了妻子，走向寒冷、黑暗无边的远方……

十一天之后，在火车站内，托尔斯泰死于肺炎。哪怕是在临终之际，他都不愿让妻子再看自己一眼。这就是托尔斯泰夫人为自己的唠叨、埋怨及歇斯底里所付出的惨痛代价。

我们读者有可能会认为托尔斯泰夫人不得不唠叨、抱怨。就算事实如此，也没有这个必要。问题是：唠叨能否起到作用？抑或是，唠叨造成了永久的硬伤？

“我确实认为自己当时是疯了。”这是托尔斯泰夫人事后的醒悟，只可惜她的醒悟来得太迟了。

婚姻的不幸，同样也是亚伯拉罕·林肯一生的悲剧。

在此提醒你：林肯的悲剧并非他遭遇暗杀，而是他的婚姻。就在凶手布思向其开枪时，他内心从没有对暗杀的恐惧。可是，在二十年的婚姻生活里，他几乎每天都要“收获夫妻不和的苦果”——其律师事务所合伙人赫恩登如是说。“夫妻不和”恐怕有点儿轻描淡写了。林肯夫人几乎向他唠叨、谩骂了将近四分之一个世纪。她总是抱怨、批评林肯一无是处：耸肩，走路姿势难看，双腿一瘸一瘸地活像个印第安人。她批评林肯的步态没有朝气、不雅观。她总是以自己在列克星顿芒特夫人学校所受的教育为准绳;她模仿林肯的步态,以取笑他脚尖先落地的走路习惯。

夫人还不喜欢林肯那双硕大的招风耳,还嫌他的鼻梁不够挺直、下嘴唇外翻、外表看上去似个肺痨病人、四肢太长、脑袋太小……

无论从哪一方面来看,亚伯拉罕·林肯和玛丽·托德·林肯都不在一个道上:教养、家庭背景、个人喜好及心智等等。他们俩总是冲突不断。

已故参议员、林肯时代最具影响力之人阿尔伯特·J.贝弗里奇回忆道:

> 林肯夫人的尖叫,对面街道上的人都听得见,而周围邻居更是可以听到她无休止的怒骂。常常,她的恼怒多是经由言语以外的方式喷泻出来,邻居对其暴力行径的描述比比皆是。

有例为证:林肯夫妇新婚不久,租住在斯普林菲尔德一位医生的遗孀雅各布·厄尔利夫人家。厄尔利夫人靠出租房屋为生。

有一天早晨,夫妇俩正在用早餐,林肯一个小动作惹得太太大发雷霆。至于具体是出于何因,现在没人记起。突然间,林肯夫人操起一杯滚烫的咖啡,对着丈夫的脸泼去。林肯呢,屈辱地呆坐着,一言不发;厄尔利夫人走了过来,用湿毛巾为他擦拭脸颊和衣服。

林肯夫人的忌妒之举非常幼稚,但又激烈得令人难以置信。七十五年后的今天,任何人只要知悉那么一点点她在公众场合的失态,都会因此而惊讶得目瞪口呆。夫人最后精神失常。或许,人们对她的唯一怜悯是:她乖张的脾性源于失常的心智。

夫人的唠叨、责备及怒骂可有改变林肯？确实，林肯改变了一点，那就是，他对夫人的态度。他为自己的不幸婚姻感到悲伤，他不愿看到夫人的出现，因而尽可能少地和她在一起。

斯普林菲尔德地区曾有十一位律师，在当时，每个律师都在那里找到饭碗是不可能的，所以，律师们常骑着马跟随戴维·戴维斯法官，从这一个村落到下一个村落去开庭。只有这样，他们才有可能接下第八巡回法院区域内所有案件的审理。

这其中的十位律师都会在周六赶回斯普林菲尔德的家和家人共度周末，而林肯是唯一不回家的，他害怕回家。每年的春季整整三个月，以及秋季的整整三个月，他都在外巡回办案，从不靠近斯普林菲尔德一步。年复一年，日复一日，他都是如此。乡村旅舍的居住条件极为恶劣，但是再怎么恶劣，他都觉得比自己的家、夫人的唠叨和她癫狂的坏脾气要好得多。

唠叨摧毁了林肯夫人、托尔斯泰夫人及玛丽·欧仁妮王后的家庭生活，唠叨摧毁了她们梦寐以求的幸福。

贝茜·汉堡曾经在纽约市民事法庭主政十一年。通过对上万离异个案的分析，她认为男人离家出走的最主要原因，就是忍受不了妻子的唠叨。《波士顿邮报》亦对此有相似的看法：大多数为人之妻总是以“唠叨”为工具一步一步地挖掘着自己婚姻的坟墓。

如果你想维系幸福美满的生活，请不要唠叨！

原则之一：杜绝唠叨

2

爱就是让对方自如自我地生活

迪斯累里曾说:“生活中我可能犯下不少错误,但我永远不会为爱而结婚。”迪斯累里所言不假。直至三十有五,他仍旧孑然一身;之后,他向一位富有的寡妇求婚,该寡妇年长他十五岁,年届五十,头发斑白。迪斯累里的求婚是出于爱慕吗？当然不是。寡妇明白他并不爱自己,而是爱她的财富!所以,她向迪斯累里提出要求:给她一年的时间,让她好好了解他的习性。该年接近尾声之际,她“迎娶”了他。

这桩婚事听起来似乎缺乏浪漫色彩,很商业化,不是吗？然而,看似不怎么合乎情理的结合,其结局却是:在那些或千疮百孔,或污渍斑斑的人类婚姻生活史中,迪斯累里和寡妇玛丽·安的结合堪称绵长、闪亮。

迪斯累里所选择之妻青春不再,既没有美貌,也没有智慧。可以说,她是平庸之人,她永远不会明白,到底是希腊人还是罗马人先来到这个世界。她絮絮叨叨的言谈,常常暴露出她对文学和历史知识的无知和幼稚。她衣着品位古怪,对房间饰品的陈列更是令人咋舌。但是,在处理重要的婚姻事务上,在掌控男人的手段上,她是个天才,一个了不起的天才。

玛丽·安从不和迪斯累里作对。若是迪斯累里和那些公爵夫人们周旋了一个下午、身心疲惫地回到家中，玛丽会施以轻抚，让他放松。家于迪斯累里来说，是他心灵的港湾；玛丽·安温馨和煦的关怀，让他人生的欢愉与日俱增，每天和他的老妻厮守在家中的那几个小时是他最幸福的时光。老妻是他的助手、知己和引路人。每个傍晚，从下议院大楼出来，他都是急匆匆直奔爱巢，向他的老妻讲述当天的所见所闻。而无论他从事何种事业，玛丽·安始终坚信他会成功——这就是她最为关键的驭夫之道。三十年来，玛丽·安的人生只有一件事：为迪斯累里而活，仅仅是为他而生活。甚至，她积聚财富的目的，都是为了让他的生活更加惬意。作为回报，她成为他心目中的英雄。终于，在玛丽离世之后，他获取了伯爵头衔。当他还是一介平民时，迪斯累里就说服了维多利亚女王授予他老妻贵族尊衔：1868 年，玛丽·安被荣封为比肯斯菲尔德子爵夫人。

无论玛丽·安在公众场合表现得有多健忘或迟钝，迪斯累里从不指责她。不，从没有过任何责备的片言只语。而如果有人胆敢奚落她，他则跳起来以十二分的忠诚护卫她。玛丽·安并非完人，然而，在他们共同生活的三十年里，她可以做到不厌其烦地夸赞自己的丈夫，向自己的丈夫表达倾慕之情。结果如何呢？“我们一起生活了三十年，可我从未嫌她烦人、啰唆。”迪斯累里如是说。

迪斯累里在玛丽·安眼里是一张白纸，他对她无所不谈，没有任何秘密可言。结果怎样呢？玛丽·安经常这样告诉朋友们：“多亏了他的善良，我的人生就是一幅长长的幸福画卷。”他们俩之间有过这样一次调侃：“你瞧，我可是看上了你的钱财才和你结婚的。”迪斯累里说。“是呀。但要是让你重新选择，你还是会出于爱情和我厮守的，难道不是吗？”玛丽·安面带微笑,如此作答。玛丽·安并非完人,但迪斯累里以足够的睿智让她保持自我地活着。

亨利·詹姆斯认为:人际交往的首要原则就是不干涉他人对幸福的独特理解——只要对方不以武力干涉我们的生活。

这一原则至关重要,我愿在此重复:**人际交往的首要原则就是不干涉他人对幸福的独特理解 —— 只要对方不以武力干涉我们的生活。**

利兰·福斯特·伍德在其著述《在家庭生活中共同成长》中也有类似的观点:美满婚姻远非找对人那么简单,关键是要成为那个对的人。

原则之二:不要刻意修饰、改变你的伴侣

3

一味指责，婚姻迟早会触礁

格莱斯顿是迪斯累里事业生涯中的强劲对手，两人在大庭广众之下总是就大英帝国的每一项争议针锋相对。不过，他们也有共同之处，那就是他们俩都享受了家庭生活的极度快乐。

威廉·格莱斯顿夫妇共同生活长达五十九年之久。我可以有这样的想象：这位英格兰曾经的首相，牵着妻子凯瑟琳之手，在壁炉前的地毯上共同起舞，一起吟唱：在跌宕起伏的人生里，他们这对老夫妻摸爬滚打，一路走来，衣衫褴褛……

格莱斯顿这位公共场合的英勇斗士，在家中却从未指责过妻子半句。

如果，早晨他下楼来却发现家里的其他人还在睡梦中，他会以一种温和的方式表达自己的不满：他提高嗓音，以一种说唱的方式提醒家人，全英最忙碌的人在楼下等着吃早餐，且是独自一个人在等待呢！他的机敏言行里透出关怀和体贴，没有批评，没有斥责。

而首相夫人凯瑟琳呢？她同样是那么善解人意。她长袖善舞，让高高在上、闻名遐迩的帝国领导者俯首称臣。在政治领域，她是个不讲情面的铁娘子：反对无谓的战争，痛斥敌人，判处他们极刑。但是在生活中，如果厨子把肉烧煳了，她却没有任何怨言；她会微笑着把肉吃光。她的容忍度堪与美国大丈夫们一比高下。

全美婚姻问题首席专家多萝茜·迪克斯认为，多达50%以上的婚姻家庭是不幸福的，而导致那么多浪漫美梦幻灭的其中一个原因就是指责——让对方心碎的指责。指责让婚姻之舟中途触礁、搁浅。

如果你想维系幸福的家庭生活，请谨记：不要批评、不要指责对方。

那么，批评孩子呢？你想我会说"不要"。可我是不会劝你的。如果你确有批评孩子的冲动，请读一读这篇经典美文。它原载于《人民之家杂志》，经作者的同意，我们在此引用《读者文摘》里的浓缩版。

爸爸忘记了

W. 利文斯顿·拉尼德

听着，孩子。这会儿，我和你说话的时候，你已经入睡了，一只小手蜷曲在腮下，黏糊糊的金色鬈发搭在了湿润的前额。我独自偷偷溜进了你的房间。几分钟之前，我正在书房看报，一股愧疚之情涌上心头。所以，我来到了你的床边。爸爸很内疚。

孩子，这是我当时的想法：我对你极为恼火——当你换衣服准备上学时，仅仅用毛巾胡乱地在脸上一抹，所以我责骂了你。因为你没有清洁自己的鞋子，所以我叫你去洗鞋子。你把自己的东西扔在了地板上，为此我愤怒地训责你。

早餐的时候,我也在找你的茬。你把食物溅得到处都是,你狼吞虎咽,你把手放在餐桌上,你在面包里涂抹太多的牛油。而当你准备去玩耍的时候,我却开始了对你的修正训导。你转过身来,挥着小手冲着我说:“爸爸,再见!”可我却皱着眉头回应:“挺胸抬头!”

黄昏的时候,我又找你茬了。我在大街上发现你正跪在地上玩小石头儿。你的长裤破了好几个洞。我当着你小伙伴的面羞辱你,一路追着把你撵回家。“裤子很贵。如果你还想买新的,就要更加地爱惜!”儿子呀,想想看,这些话竟出自一个父亲之口!

你还记得吗,这之后不久,当我在书房看书的时候,你怯怯地走了进来,眼神中流露出一种受伤的表情。我极不耐烦于你的干扰,抬起头,劈头盖脸就来那么一句:“你要干吗?”你站在门口,迟疑不前。

你一言不发,径直跑过来猛地扎进我的怀里,双臂搂着我的脖子,亲吻着我。我感觉到你那双紧紧相箍的小手所表现出的爱的力量,那是上苍在你心里撒下的盛放鲜花,任何的漠视都不可能使其枯萎凋零。吻过之后,你就“叭嗒”“叭嗒”上楼去了。

孩子,正是那当儿,报纸从我手中滑落,一股惧怕向我全身袭来。我怎么会让自己渐渐形成了这样一个坏习惯——我总是找你的茬,总是呵斥你?这就是我对待你这个小男孩的方式。孩子,我不是不爱你,而是对你要求太高。我一直在用自己这个年龄的标准来衡量你。

其实,你的本性里有那么多的真、善、美。你幼小的心灵就像山野里的曙光那么了不起。你不顾一切跑过来,亲吻我,和我道晚安,这就是最好的证明。孩子,在我看来,这是今晚最为意义重大的一件事。黑暗中,我来到了你的床前,我向你下跪,我羞愧!

这是我虚弱的心灵救赎。我明白,如果在你醒来之后才和你说上这些,你不一定听得懂。明天,我一定要做个名副其实的父亲!我会成为你的好朋友:你的痛苦和欢笑,我都要感同身受。每当自己不耐烦想要呵斥你的时候,我会控制住冲动。我会坚持这么说:"他只不过是一个孩子,一个小男孩而已!"我会把这个坚持看成自己每天的叩拜礼。

我实在是不应该把你看成大人。孩子,这是我这会儿所看到的你:疲惫地蜷缩在床上,完全就是个婴儿。记得昨天你还依偎在妈妈的怀抱里,脑袋瓜儿倚靠在她的臂膀上。我对你的要求实在是太多太多了呀。

原则之三:杜绝指责

4

皆大欢喜的交流方式：真心地赞美

洛杉矶家庭伦理学院主任保罗·波普诺就男女关系曾说：

大部分男人择偶时，寻觅的并非高级行政主管，而是一个乐意巴结他们、满足他们虚荣心、让他们感受尊荣的女人。假设有这样一个办公室女主任，受男人之邀共进午餐，酒足饭饱之后，她聊起了“当代哲学主流意识”的大学课程，还一再坚持要为她自己的那一份饭食买单。结果如何呢？从此以后，她都是形单影只、一个人吃午餐。

我们再假设一个相反的情形：一个没有上过大学的打字员，受男人之邀共进午餐。打字员双眸饱含深情，热切地对身边的护花使者娇嗔地说：“再和我说说你的一切嘛。”结果怎样呢？这位男人和自己的同类会这样评价打字员：“她不是美艳的仙女，但她是我所见过的最健谈的人。”

男士应当向衣着得体、外表淑雅的女人表达欣赏和赞美。所有的男人都忘了这一点：女人对衣着打扮的兴趣是多么浓厚。以此为例：如果两对男女在大街上相遇，各自的女人极少会将目光投向对方的男人，相反，她们会打量起对方的衣着和仪态。

我祖母是几年前仙逝的，享年九十有八。临终前不久，我们给她看一张她三十多年前的照片。当时，她的视力已经非常微弱，无法看清照片的细节，所以向我们提了这样一个问题：“那会儿我穿了件怎样的衣服呢？”想想看，在那样的情形之下，她还关心着自己三分之一个世纪之前的衣着——一个久病不起、行将走完那垂暮、寒冷冬季的老妇人，一个连自己女儿都没法辨识的老妇人！当时，我守候在她的床前。她的提问深深地烙印在我的心田里，永未磨灭。

而阅读此书的男士们，都不可能记起他们五年前的衣着，且他们一丁点儿都没有回忆的渴望。但是，女人则截然不同。法国上流社会的绅士都要经历这样的训练：对身边女士的连衣裙及帽子时不时地加以赞美，一个晚上必须赞美好几次，而非一次！

在我的剪报集里留存着一个故事，我明白那个故事永远不可能发生，但它说明了一个道理。所以，我愿在此赘述一遍。

有一位农妇，经过一整天的劳碌之后，在她家的男人们面前放下一大堆干草。男人们很气愤，问她是否疯了，她回答说：“嗨！我怎么知道你们在意呀？我已经为你们做饭二十年，可我一直没有听你们说自己不吃干草呀！”

过去，莫斯科和圣彼得堡的贵族们很懂礼貌。在沙皇时代，上流社会一直坚持着这样的习俗：每当享用完一顿美味佳肴，他们都要把厨师请到宴会厅，接受他们的赞美和祝贺。

那么，你为何不学习学习这些贵族，向你的妻子表达赞美呢？下一次，若你尝到鲜嫩可口的煎鸡肉，请你告诉她你的感受，请你告诉她你口中咀嚼的不是一撮干草，请你给这小妇人一个热烈的鼓掌，并且告诉她，在你幸福的生活中，她起到的作用是多么重大。不要担心，就这样告诉她。作为政治家迪斯累里在英格兰已经够有声望和地位了吧，可他却毫无愧色地向全世界宣称：他的成就归功于“他的小妇人”。

有一天，我在翻阅杂志时看到这篇文章，那是对埃迪·坎托的人物专访。坎托如是说：

> 在这个世界上，我亏欠最多的人是我妻子。她是我最要好的朋友。她帮助我勇往直前。婚后，她勤俭持家，为我攒下一笔财富。我们有五个子女。她总是为我的家营造温馨的环境，如果说我的事业有所成就的话，那都是她的功劳。

在好莱坞，结婚可谓是在冒险，甚至伦敦的劳合社都不会为此担保。不过，沃纳·巴克斯特夫妇偏偏是个意外。巴克斯特夫人的原名叫威妮弗雷德·布赖森，与巴克斯特结合时放弃了自己辉煌的舞台生涯，但是，她的牺牲从没有影响到夫妇俩的幸福生活。“她也曾怀念过舞台的掌声，但我明白她更加在意我的掌声。如果一个女人将自己的幸福完全交予自己的丈夫，那就意味着她在寻求丈夫的赞美和忠诚。果真如此的话，她丈夫对幸福的答案也在于此：赞美和忠诚。”沃纳·巴克斯特如是说。

原则之四：请给予对方真诚的赞美

5

女人很看重细节

亘古至今,鲜花均被看作爱之呓语。鲜花所值无几,尤其是在当令季节的时候,它们在街边的拐角处被贱价抛售。不过,因考虑到自己丈夫极少买花,妻子有可能认为,他捧回家的那盆水仙花和兰花一般昂贵,甚至认为和阿尔卑斯山顶悬崖上的雪绒花那般稀罕。

为何要等到妻子生病住院了你才给她送花? 明晚就送给她几束玫瑰花,不可以吗? 试试看,看看有何奇迹会发生。

尽管百老汇剧院的事务缠身,乔治·M. 科恩在其母亲离世前的那段日子每天都会致电母亲两次。难道他每次都有不同凡响的消息要告知母亲大人吗? 当然不是! 其意义在于:告诉他所钟爱的母亲他在想念她,他想让她开心,他很在意她的幸福感受。

女人往往都重视诸如生日、周年纪念等特别的日子,个中原因不得而知。一个平凡的男人一生中因为忘记某些日子只能算小毛病,但有些日子却是和他们的生活息息相关的:1492、1776、妻子的生日和结婚纪念日。如果记不住前面两个都不要紧,但绝不可以记不住后面两个!

芝加哥法官约瑟夫·萨巴审理过四万宗婚姻纠纷,调解过两千对夫妇。

他说:“千里之堤毁于蚁穴。一些细节,如丈夫早晨离家去上班时给妻子的一个飞吻,都有可能避免婚姻的触礁。”

罗伯特·布朗宁与妻子伊丽莎白的婚姻可谓是史上最富于诗意和浪漫的了。罗伯特尤其注意以细节和关心去浇灌他们的爱情之花。对体弱多病的妻子,他总是体贴入微。伊丽莎白曾经在给其姐妹的信中写道:“这会儿,我真有点儿怀疑自己就是真正的天使。”

许多男人都过于低估日常生活当中那些无微不至的关心所具有的价值。盖纳·马多克斯在《画报评论》撰文指出:“美国人在家中真应该来点儿离经叛道的新颖举动。例如,在床上吃早餐,这样的温馨‘放荡’是人人都乐于享受的。于女人来说,在床上吃早餐就好比男人常常光顾私人俱乐部的那般欢悦心情。”

延绵不断的细节是构成漫长婚姻生活的全部,而任何忽略这一事实的夫妇必定遭殃。埃德娜·米雷曾就此有过总结:“不是爱伤了我,是岁月中那些细微的小事让我伤心。”

请谨记埃德娜之言。在里诺,法庭一周有六天在审理、批复离婚诉讼,而其中的比率是每十个家庭就有一个破碎。

你认为该有多少婚姻面临触礁?我可以向你保证:极少!只要你日复一日地坐在法庭的观众席上,聆听那些诉讼男女们的牢骚,你就会明白,原来爱情“就是被生活中的细节给磨灭了”。

请拿出你随身携带的小刀,将以下这句话裁剪下来。将之粘贴在你的帽子里或镜子上。每天早晨,当你刮胡子的时候,你都可以读到。

人生我只经历一次，所以，我应该向人们展示自己的善良和美意。我应该立刻行动，不能忽视，也不能延缓，因为，我的人生不会重来。

原则之五：请给予对方无微不至的关怀

6

恭敬：幸福的源泉

沃特·达姆罗施娶了詹姆斯·G.布莱恩的千金；后者是位雄辩高手，曾经的美国总统候选人。

达姆罗施夫妇几年前在安德鲁·卡耐基的故乡苏格兰相遇，自此以后，他们的人生其乐融融。秘诀何在？达姆罗施夫人如是说：

> 既然慎重选择了人生伴侣，婚后我就必须和他相敬如宾。要是年轻的太太们能够如对待陌生人那样礼貌对待她们的丈夫，那该多好！对于凶悍的泼妇，任何男人都唯有逃之夭夭。

鲁莽、无礼是吞噬爱情之花的毒瘤。人人都明白这个道理，可糟糕的是，我们在对待陌生人时比对待自己的亲人要礼貌得多。我们不可能突然打断陌生人："天啊，又在提陈年旧账了！"我们也不能在没有得到允许的情况下就拆开朋友的信件，或是打探他们的个人私隐。而偏偏就是我们自己的家庭成员，我们最为亲近的人，却总是因为小毛病而逢遭我们辱骂。

如多萝茜·迪克斯之言：令人震惊的一个事实就是，那些以恶言相向、伤害我们感情的人,竟是我们自己的亲人。亨利·克莱·里斯纳说:“恭敬是心灵深处的一缕阳光,它忽略不计那扇破败的大门,直接将光芒投射到院子里的鲜花上。”恭敬之于婚姻的重要,就如汽油之于汽车。

奥利弗·温德尔·福尔摩斯,这位受人爱戴的“早餐桌上的专制者”,也仅仅是在自己家中专制而已。而事实上,他是个体贴入微之人,每当抑郁、消沉时,他总是竭力隐瞒自己内心的忧伤,不让家人察觉。他说他内心已经够苦的了,不要再让别人受折磨。

这是奥利弗·温德尔·福尔摩斯之所为。那我们一般的凡夫俗子呢?办公室里乱了套,错过了一笔大买卖,被老板痛骂了一顿,头痛得脑门子快要裂开了……我们恨不得立马回家,把一肚子的苦水向家人倾倒。

在荷兰,人们踏入家门时要把鞋子脱下来放在门槛上。我们应当学学荷兰人:当我们完成一天的工作、踏入家门之前,应当将当天所有的烦恼抛诸门外。

威廉·詹姆斯曾撰有《人类的盲点》一文,很值得你专程去趟离家最近的图书馆借来一读。他写道:“我们备受一种盲点所折磨,这一盲点就是不同于我们自己的、其他人的思想和感受。”

“我们备受一种盲点所折磨。”很多男人都不敢对顾客甚或他们的合作伙伴恶言恶语,但他们对自己的妻子施以高分贝的斥骂,却觉得没什么大不了。其实,就他们的个人幸福而言,婚姻家庭对于他们来说比工作、事业重要得多,婚姻家庭是幸福的关键。

婚姻美满的凡夫俗子们,比那些独身的天才们要幸福。伟大的俄国小说家屠格涅夫享誉全球,然而他曾有如此感言:“如果有那么一个女人能够关心我、担心我是否每天能够准时回家吃晚饭,那我宁愿放弃我一切的天赋及著述。”

那么,幸福婚姻的概率到底有多高？多萝茜·迪克斯认为,半数以上的婚姻是失败的,不过,保罗·波普诺博士的观点则截然相反。他说:“相对于任何事业的开拓,男人在婚姻方面的成功率要高得多。在杂货行业,男人的失败率有 70%;而步入婚姻殿堂的男女们,其成功率也是 70%。”

关于婚姻,多萝茜作出这样的总结:

> 婚姻的开端就如我们事业生涯的一段经历,它的破灭源于双方对细节的忽略。

没有女人弄得明白,为何男人不可以像投身自己的事业那样给自己的家庭倾注同样的关注和努力。尽管于男人来说,心满意足的太太及幸福、平和的家,比家财万贯的意义更为重大,可是在一百个男人当中竟不曾有一个男人认真考虑过自己的婚姻,或是为幸福的家庭生活付出真正的努力。他随波逐流,跟着感觉走,仅以财富拥有的多与少作为评判输赢的标准。

好些女人从未弄明白,她们的丈夫为何不可以明智地和她们相处;当有钱有势的时候,他们总是以“高压”而非温情对待她们。

每一个男人都知道,他可以哄自己的女人做任何事情,不求任何回报地做任何一件事情。他知道,只要自己给予妻子些许的表扬,称赞她很能干,可以助他一臂之力,她就会把一分钱掰成两半来花。每一个男人心里都清楚,如果他说妻子去年的裙子好漂亮,她穿上去显得好可爱,她也不会再去购买最新潮的巴黎舶来品。每一个男人心里都明白，妻子的双眸可以任他亲吻，一眨都不眨，直至像蝙蝠那样失明；妻子的双唇任他温存，安静得如双壳紧闭的牡蛎。

而每一位妻子呢，她们都明白，其实丈夫的内心对她们一清二楚，因为她们都曾为自己的丈夫描绘过一幅完整的“驭妻”示意图。可她们就是弄不明白该不该责备自己的丈夫，因为这个男人总是学不会费点心机哄哄自己，或是以自己所期盼的那些方式善待自己，反而总是和自己作对。结果呢，他得到相应的惩罚：不得不咽下粗制滥造的饭食，还浪费钱财给她买新的衣裳、珍珠项链、房车……

原则之六：敬请恭敬！

7

不做婚姻白痴

凯瑟琳·比门特·戴维斯博士是卫生部总干事,她曾经召集一千名妇女,要求她们就一些婚姻生活当中的敏感问题坦白作答。结果令人震惊,美国成年男女性生活的满意度差强人意。获得这些妇女所反映的第一手材料之后,她立即公布了自己的断言:

> 性生活的不和谐,是在这个国度婚姻家庭破碎的主要原因之一。

而G.V.汉密尔顿博士的调研亦证实了戴维斯博士的论断。汉密尔顿博士就一百对男女的婚姻状态进行过为期四年的研究。他就婚姻生活设计出约四百个问题,让受访者一一作答,其间,还就一些问题展开过详尽的讨论。由于这项调研具有重大的社会学意义,因而受到众多杰出慈善家的资助。G.V.汉密尔顿博士和鲁尼斯·麦高恩就调研结果撰写了调研报告,题为《我们的婚姻错在哪里》。你不妨取来一阅。

那么,我们的婚姻究竟错在哪里呢?汉密尔顿博士如是说:如果精神科医生认为,大多数婚姻生活当中的摩擦不是由于性生活的不和谐而引起的,那么,这位医生就太过于草率和偏见了。不管怎么说,如果性能让双方都达到满足的话,生活当中因其他困惑而引起的摩擦大多都可以忽略不计。

洛杉矶家庭伦理学院主任保罗·波普诺博士是全美婚姻家庭方面的首席专家,曾对大量的婚姻个案进行过分析研究。他认为,婚姻失败往往由以下四个原因引起(顺序代表原因的主次):

(1)性生活不和谐。

(2)对休闲、娱乐的意见不统一。

(3)经济困顿。

(4)生理、心理或是情绪方面失常。

请你注意,性生活不和谐排在首位;而令人感到奇怪的是,经济困顿则居第三位。

专事离婚研究的专家也一致认为,性的和谐是绝对必要的。辛辛那提民事法庭主审官霍夫曼审理过无数离婚诉讼,他有过断言:十之有九的离婚出于性生活障碍。

著名心理学家约翰·B. 沃森认为:“无可否认,性是生活中最为重要的主题,它是饮食男女幸福生活走向枯萎的原因。”

而许多执业医生也在我们的培训班上表达了同样的观点。这难道不是二十世纪的悲哀?我们有足够的书本知识且受过教育,却被这人类最原始的本能摧毁我们的婚姻,使得我们的人生旅程触礁、搁浅。

作为卫理公会的牧师,奥利弗·M. 巴特菲尔德在纽约市,就家庭伦理进行了十八年的布道。或许,他是世界上为新人主持婚礼次数最多的牧师。他这样说:

在我当牧师的早期我便意识到，很多新人来到婚姻神坛时只怀有浪漫的情怀和美好的心愿，他们对婚姻本身的理解简直是文盲（婚姻的白痴！）。

由于考虑到改变婚姻状况将面临很大的风险，所以才有了离婚率仅为16%的奇迹。但是，一个令人惊讶的事实是，大多数丈夫及他们的妻子，都不是真正意义上的结婚，仅是没有离婚而已——他们的婚姻生活实质上就是在遵循罗马天主教的教义。

幸福的婚姻绝非偶然，是艺术的建筑构造，是智慧的苦心经营。

因此，巴特菲尔德博士要求，经由他主持婚礼的新人要向他坦言他们对未来婚姻生活的规划，从中他得出结论：大多山盟海誓的姻缘人都是"婚姻白痴"。"性生活，"博士说，"是婚姻生活中不可或缺的渴望之一，如果双方的性爱关系不和谐，生活当中的其他一切都会乱套。"

但是，该怎样才能让性生活纳入正轨呢？我还是在此引述巴特菲尔德博士之言：

双方应当将情绪充分表达出来，应该以客观的探讨、以超然的心态付诸实践。书本知识是最好的教化。除了我本人所著《婚姻与性的和谐》之外，我在此向大家推荐几本好书。我个人认为，这三本应该是普及读物：伊莎贝尔·E.赫顿所著《婚姻生活中的性爱技巧》、马克斯·埃克斯纳所著的《婚姻中的性事》，以及海伦娜·怀特所著的《婚姻生活里的性爱》。

所以本人认为,幸福婚姻生活的第七个原则应该是:阅读一本关于婚姻性爱方面的好书。

从书本当中学习性爱?为何不呢?数年前,哥伦比亚大学联合美国社会卫生学会,邀请杰出的教育专家就性和婚姻问题给大学生开讲座。讨论会上,保罗·波普诺博士说:"离婚率在下降,其中原因之一是,人们越来越多地阅读关于性爱与婚姻方面的书籍。"

所以,我深切地感到,如果我不在此开出一列书单,向你推荐有关破解离婚悲剧的科学方法,我没法完成这一章节的撰写。

1.《生活中的性事》,玛丽·韦尔·丹尼特著——指导年轻人的书;

2.《婚姻中的性事》,M. J. 埃克斯纳著——解答婚姻男女性生活中所遭遇的种种困惑;

3.《结婚之预备》,肯尼斯·沃克著——对婚姻问题的详细剖析;

4.《婚姻中的爱情》,玛丽·C. 斯洛普斯——婚姻中男女关系的直白;

5.《性与婚姻》,欧内斯特·R. 和格拉迪斯·H. 格罗夫斯合著——融信息与综合知识于一体的书;

6.《已婚女人》,罗伯特·A. 罗斯和格拉迪斯·H. 格罗夫斯合著——幸福婚姻的指南。

原则之七:读一本关于婚姻性爱方面的好书

小　结

原则之一：杜绝唠叨

原则之二：不要刻意修饰、改变你的伴侣

原则之三：杜绝指责

原则之四：请给予对方真诚的赞美

原则之五：请给予对方无微不至的关怀

原则之六：敬请恭敬！

原则之七：读一本关于婚姻性爱方面的好书

1933年,《美国人》杂志在其6月刊上发表了埃米特·克罗泽的文章:“婚姻触礁的原因”。以下问题出自原文中的一组问卷调查。这些问题值得你一一作答;如果每一个问题的肯定回答是10分的话,看看你到底能拿到多少分。

给丈夫的问题:

1. 你是否仍旧会“讨好”你的妻子? 在特殊的日子,如她的生日、婚礼周年纪念日等,送给她小礼物或者鲜花? 或者不经意间给她一些惊喜?

2. 你是否特别小心、不随意当众指责她?

3. 你是否在给出家用的同时还给她额外的钱,任她购买她自己喜欢的东西?

4. 你是否作出努力去理解她特有的女性情绪,并且帮助她度过疲乏、紧张和易怒的时刻?

5. 你是否做到和她一起消遣,所占时间至少是你消遣时间的一半?

6. 你是否可以不将她的烹饪技术和持家本领方面的不足,和你母亲的或隔壁邻居太太的相比较?

7. 你是否对她的文化生活有明确的兴趣——她的社交群体、她的俱乐部、她阅读的书籍,以及她对公共事务的看法,等等?

8. 你是否可以让她和异性跳舞,或者接受异性友善的关注而不会醋意翻天?

9. 你是否时刻看准机会表扬她,表达你对她的爱慕?

10. 你有否对她为你做的一些小事情而表达谢意,如钉纽扣,织补袜子,把衣服拿去干洗,等等?

给妻子的问题:

1. 你是否给予丈夫充分的自由处理他自己的事务,并且不评论他的同僚、他选择秘书的标准,以及他上班时间的长短?

2. 你是否竭尽努力让自己的家保持温馨和吸引力?

3. 你是否经常变换食谱,从而不让他在餐桌旁边一坐下就知道该有哪些菜肴?

4. 你是否足智多谋,可以和丈夫共同探讨他业务方面的问题?

5. 当家庭经济拮据时,你是否可以不指责丈夫的无能,不把他和别的成功人士相提并论,而是和他一起勇敢地欣然面对?

6. 你是否作出过特别的努力,让自己和他的母亲及亲戚和睦相处?

7. 你是否依从你丈夫的喜好着装?

8. 为了和谐起见,你是否会向他作出小小的让步?

9. 你是否努力学会你丈夫所喜爱的游戏,从而可以让自己和他一起消遣?

10. 你是否留意每天的新闻、最近的新书、当前的新思维,从而让自己的智慧和丈夫保持同步?

经典译林

Yilin Classics

书名	单价	书名	单价
癌症楼	78.00 元	艾青诗集	35.00 元
爱的教育	39.00 元	爱丽丝漫游奇境	29.00 元
安娜·卡列尼娜	65.00 元	安徒生童话选集	42.00 元
傲慢与偏见	36.00 元	奥德赛	92.00 元
八十天环游地球	32.00 元	巴黎圣母院	42.00 元
白洋淀纪事	39.00 元	百万英镑	35.00 元
包法利夫人	38.00 元	悲惨世界（上、下）	98.00 元
背影	28.00 元	被侮辱与被损害的人	39.00 元
边城	36.00 元	变色龙：契诃夫中短篇小说集	39.00 元
变形记 城堡	38.00 元	草叶集：惠特曼诗选	39.00 元
茶馆	32.00 元	茶花女	35.00 元
查拉图斯特拉如是说	38.00 元	沉思录	29.00 元
城南旧事	29.00 元	大卫·科波菲尔（上、下）	79.00 元
当代英雄	45.00 元	稻草人	29.00 元
地心游记	32.00 元	飞鸟集·新月集：泰戈尔诗选	39.00 元
飞向太空港	39.00 元	福尔摩斯探案集	58.00 元
复活	42.00 元	傅雷家书	49.00 元
富兰克林自传	36.00 元	钢铁是怎样炼成的	39.00 元
高老头	39.00 元	格列佛游记	35.00 元
格林童话全集	49.00 元	给青年的十二封信	38.00 元

书名	单价	书名	单价
古希腊悲剧喜剧集（上、下）	118.00 元	海底两万里	38.00 元
红楼梦	55.00 元	红与黑	49.00 元
呼兰河传	35.00 元	呼啸山庄	39.00 元
基督山伯爵（上、下）	108.00 元	纪伯伦散文诗经典	42.00 元
寂静的春天	35.00 元	假如给我三天光明	32.00 元
简·爱	39.00 元	金银岛	35.00 元
经典常谈	29.00 元	荆棘鸟	45.00 元
静静的顿河	128.00 元	镜花缘	49.00 元
局外人·鼠疫	38.00 元	菊与刀	35.00 元
克雷洛夫寓言	32.00 元	宽容	32.00 元
昆虫记	39.00 元	老人与海	32.00 元
理想国	45.00 元	聊斋志异	55.00 元
列那狐的故事	39.00 元	猎人笔记	38.00 元
林肯传	39.00 元	鲁滨逊漂流记	39.00 元
鲁迅杂文选集	36.00 元	绿山墙的安妮	36.00 元
罗马神话	16.80 元	罗生门	39.00 元
骆驼祥子	32.00 元	美丽新世界	35.00 元
名人传	39.00 元	拿破仑传	49.00 元
呐喊	29.00 元	牛虻	38.00 元
欧·亨利短篇小说选	36.00 元	欧也妮·葛朗台	32.00 元
彷徨	32.00 元	培根随笔全集	38.00 元
飘（上、下）	88.00 元	普希金诗选	42.00 元
骑鹅旅行记	36.00 元	乞力马扎罗的雪	39.80 元
热爱生命·海狼	38.00 元	人间草木：汪曾祺散文精选	49.00 元

书名	单价	书名	单价
人类群星闪耀时	36.00 元	人性的弱点	39.00 元
日瓦戈医生	68.00 元	儒林外史	42.00 元
三个火枪手	59.00 元	三国演义	59.00 元
沙乡年鉴	42.00 元	莎士比亚喜剧悲剧集	49.00 元
少年维特的烦恼	28.00 元	神秘岛	48.00 元
神曲（共三册）	128.00 元	十日谈	68.00 元
世说新语（上、下）	89.00 元	双城记	45.00 元
水浒传	69.00 元	四世同堂（上、下）	78.00 元
苔丝	39.00 元	谈美	35.00 元
谈美书简	36.00 元	汤姆·索亚历险记	32.00 元
汤姆叔叔的小屋	45.00 元	唐诗三百首	39.00 元
堂吉诃德	78.00 元	天方夜谭	42.00 元
童年	38.00 元	童年·在人间·我的大学	49.00 元
瓦尔登湖	36.00 元	我是猫	39.00 元
乌合之众	35.00 元	物种起源	42.00 元
雾都孤儿	44.00 元	西顿野生动物故事集	38.00 元
西游记	48.00 元	希腊古典神话	49.00 元
乡土中国	36.00 元	小妇人	45.00 元
小王子	29.00 元	星星离我们有多远	35.00 元
羊脂球	38.00 元	一九八四	36.00 元
一间自己的房间	36.00 元	伊利亚特	82.00 元
伊索寓言全集	35.00 元	尤利西斯	58.00 元
约翰·克利斯朵夫（上、下）	98.00 元	月亮和六便士	45.00 元
战争与和平（上、下）	108.00 元	朝花夕拾	22.00 元

书名	单价	书名	单价
中国民间故事	39.00 元	子夜	49.00 元
最后一课	36.00 元	罪与罚	66.00 元